U0504829

国家出版基金项目

NATIONAL PUBLICATION FOUNDATION

中宣部2022年主题出版重点出版物

"十四五"国家重点图书出版规划项目

纪录小康工程

全面建成小康社会

安徽影像记

ANHUI YINGXIANGJI

本书编写组

全国百佳图书出版单位
时代出版传媒股份有限公司
安徽人民出版社
APGTIME
时代出版

责任编辑：李　莉　肖　琴　蒋越林

封面设计：石笑梦　葛茂春

版式设计：刘　浩　陈　爽

图书在版编目（CIP）数据

全面建成小康社会安徽影像记 / 本书编写组编 . — 合肥：安徽人民出版社，
　2022.10

（"纪录小康工程"地方丛书）

ISBN 978 - 7 - 212 - 11477 - 0

Ⅰ.①全… Ⅱ.①本… Ⅲ.①小康建设—成就—安徽—摄影集 Ⅳ.① F127.54 - 64

中国版本图书馆 CIP 数据核字 (2022) 第 098654 号

全面建成小康社会安徽影像记

QUANMIAN JIANCHENG XIAOKANG SHEHUI ANHUI YINGXIANGJI

本书编写组

安徽人民出版社出版发行

（230071　合肥市政务文化新区翡翠路 1118 号）

安徽新华印刷股份有限公司印刷　新华书店经销

2022 年 10 月第 1 版　2022 年 10 月合肥第 1 次印刷

开本：710 毫米 × 1000 毫米 1/16　印张：17.5

字数：250 千字

ISBN 978 - 7 - 212 - 11477 - 0　定价：62.00 元

邮购地址 230071　合肥市政务文化新区翡翠路 1118 号

安徽人民出版社营销部　电话：(0551) 63533258　63533259

总　序

为民族复兴修史　为伟大时代立传

　　小康，是中华民族孜孜以求的梦想和夙愿。千百年来，中国人民一直对小康怀有割舍不断的情愫，祖祖辈辈为过上幸福美好生活劳苦奋斗。"民亦劳止，汔可小康""久困于穷，冀以小康""安得广厦千万间，大庇天下寒士俱欢颜"……都寄托着中国人民对小康社会的恒久期盼。然而，这些朴素而美好的愿望在历史上却从来没有变成现实。中国共产党自成立那天起，就把为中国人民谋幸福、为中华民族谋复兴作为初心使命，团结带领亿万中国人民拼搏奋斗，为过上幸福生活胼手胝足、砥砺前行。夺取新民主主义革命伟大胜利，完成社会主义革命和推进社会主义建设，进行改革开放和社会主义现代化建设，开创中国特色社会主义新时代，经过百年不懈奋斗，无数中国人摆脱贫困，过上衣食无忧的好日子。

　　特别是党的十八大以来，以习近平同志为核心的党中央统揽中华民族伟大复兴战略全局和世界百年未有之大变局，团结带领全党全国各族人民统筹推进"五位一体"总体布局、协调推进"四个全面"战略布局，万众一心战贫困、促改革、抗疫情、谋发展，党和国家事业取得历史性成就、发生历史性变革。在庆祝中国共产党成立 100 周年大会上，习近平总书记庄严宣告："经过全党全国各族人民持续奋斗，我们实现了第一个百年奋斗目标，在中华大地上全面建成了小康社会，历史性地解决了绝对贫困问题，正在意气风发向着全面建成社会主义现代化强国的第二个百年奋斗目标迈进。"

这是中华民族、中国人民、中国共产党的伟大光荣！这是百姓的福祉、国家的进步、民族的骄傲！

全面小康，让梦想的阳光照进现实、照亮生活。从推翻"三座大山"到"人民当家作主"，从"小康之家"到"小康社会"，从"总体小康"到"全面小康"，从"全面建设"到"全面建成"，中国人民牢牢把命运掌握在自己手上，人民群众的生活越来越红火。"人民对美好生活的向往，就是我们的奋斗目标。"在习近平总书记坚强领导、亲自指挥下，我国脱贫攻坚取得重大历史性成就，现行标准下 9899 万农村贫困人口全部脱贫，建成世界上规模最大的社会保障体系，居民人均预期寿命提高到 78.2 岁，人民精神文化生活极大丰富，生态环境得到明显改善，公平正义的阳光普照大地。今天的中国人民，生活殷实、安居乐业，获得感、幸福感、安全感显著增强，道路自信、理论自信、制度自信、文化自信更加坚定，对创造更加美好的生活充满信心。

全面小康，让社会主义中国焕发出蓬勃生机活力。经过长期努力特别是党的十八大以来伟大实践，我国经济实力、科技实力、国防实力、综合国力跃上新的大台阶，成为世界第二大经济体、第一大工业国、第一大货物贸易国、第一大外汇储备国，国内生产总值从 1952 年的 679 亿元跃升至 2021 年的 114 万亿元，人均国内生产总值从 1952 年的几十美元跃升至 2021 年的超过 1.2 万美元。把握新发展阶段、贯彻新发展理念、构建新发展格局、推动高质量发展，全面建设社会主义现代化国家，我们的物质基础、制度基础更加坚实、更加牢靠。全面建成小康社会的伟大成就充分说明，在中华大地上生气勃勃的创造性的社会主义实践造福了人民、改变了中国、影响了时代，世界范围内社会主义和资本主义两种社会制度的历史演进及其较量发生了有利于社会主义的重大转变，社会主义制度优势得到极大彰显，中国特色社会主义道路越走越宽广。

全面小康，让中华民族自信自强屹立于世界民族之林。中华民族有五千多年的文明历史，创造了灿烂的中华文明，为人类文明进步作出了卓越贡献。近代以来，中华民族遭受的苦难之重、付出的牺牲之大，世所罕见。中国共产党带领中国人民从沉沦中觉醒、从灾难中奋起，前赴后继、百折不挠，战胜各种艰难险阻，取得一个个伟大胜利，创造一个个发展奇迹，用鲜血和汗水书写了中华民族几千年历史上最恢宏的史诗。全面建成小康社会，见证了中华民族强大的创造力、坚韧力、爆发力，见证了中华民族自信自强、守正创新精神气质的锻造与激扬，实现中华民族伟大复兴有了更为主动的精神力量，进入不可逆转的历史进程。今天，我们比历史上任何时期都更接近、更有信心和能力实现中华民族伟大复兴的目标，中国人民的志气、骨气、底气极大增强，奋进新征程、建功新时代有着前所未有的历史主动精神、历史创造精神。

全面小康，在人类社会发展史上写就了不可磨灭的光辉篇章。中华民族素有和合共生、兼济天下的价值追求，中国共产党立志于为人类谋进步、为世界谋大同。中国的发展，使世界五分之一的人口整体摆脱贫困，提前十年实现联合国 2030 年可持续发展议程确定的目标，谱写了彪炳世界发展史的减贫奇迹，创造了中国式现代化道路与人类文明新形态。这份光荣的胜利，属于中国，也属于世界。事实雄辩地证明，人类通往美好生活的道路不止一条，各国实现现代化的道路不止一条。全面建成小康社会的中国，始终站在历史正确的一边，站在人类进步的一边，国际影响力、感召力、塑造力显著提升，负责任大国形象充分彰显，以更加开放包容的姿态拥抱世界，必将为推动构建人类命运共同体、弘扬全人类共同价值、建设更加美好的世界作出新的更大贡献。

回望全面建成小康社会的历史，伟大历程何其艰苦卓绝，伟大胜利何其光辉炳耀，伟大精神何其气壮山河！

这是中华民族发展史上矗立起的又一座历史丰碑、精神丰碑！这座丰碑，凝结着中国共产党人矢志不渝的坚持坚守、博大深沉的情怀胸襟，辉映着科学理论的思想穿透力、时代引领力、实践推动力，镌刻着中国人民的奋发奋斗、牺牲奉献，彰显着中国特色社会主义制度的强大生命力、显著优越性。

因为感动，所以纪录；因为壮丽，所以丰厚。恢宏的历史伟业，必将留下深沉的历史印记，竖起闪耀的历史地标。

中央宣传部牵头，中央有关部门和宣传文化单位，省、市、县各级宣传部门共同参与组织实施"纪录小康工程"，以为民族复兴修史、为伟大时代立传为宗旨，以"存史资政、教化育人"为目的，形成了数据库、大事记、系列丛书和主题纪录片4方面主要成果。目前已建成内容全面、分类有序的4级数据库，编纂完成各级各类全面小康、脱贫攻坚大事记，出版"纪录小康工程"丛书，摄制完成纪录片《纪录小康》。

"纪录小康工程"丛书包括中央系列和地方系列。中央系列分为"擘画领航""经天纬地""航海梯山""踔厉奋发""彪炳史册"5个主题，由中央有关部门精选内容组织编撰；地方系列分为"全景录""大事记""变迁志""奋斗者""影像记"5个板块，由各省（区、市）和新疆生产建设兵团结合各地实际情况推出主题图书。丛书忠实纪录习近平总书记的小康情怀、扶贫足迹，反映党中央关于全面建成小康社会重大决策、重大部署的历史过程，展现通过不懈奋斗取得全面建成小康社会伟大胜利的光辉历程，讲述在决战脱贫攻坚、决胜全面小康进程中涌现的先进个人、先进集体和典型事迹，揭示辉煌成就和历史巨变背后的制度优势和经验启示。这是对全面建成小康社会伟大成就的历史巡礼，是对中国共产党和中国人民奋斗精神的深情礼赞。

历史昭示未来，明天更加美好。全面建成小康社会，带给中国人民的是温暖、是力量、是坚定、是信心。让我们时时回望小康历程，深入学习贯彻习近平新时代中国特色社会主义思想，深刻理解中国共产党为什么能、马克思主义为什么行、中国特色社会主义为什么好，深刻把握"两个确立"的决定性意义，增强"四个意识"、坚定"四个自信"、做到"两个维护"，以坚如磐石的定力、敢打必胜的信念，集中精力办好自己的事情，向着实现第二个百年奋斗目标、创造中国人民更加幸福美好生活勇毅前行。

目　录

一

接续奋斗终圆小康梦

QUANMIAN

JIANCHENG

XIAOKANG

SHEHUI

全面建成小康社会

　　百年征程，苦难与辉煌交织，光荣与梦想辉映，江淮儿女在党的领导下翻身做了主人，逐步从落后走向进步、从封闭走向开放、从贫困走向富裕。特别是党的十八大以来，在以习近平同志为核心的党中央坚强领导下，安徽实现了现行标准下所有贫困人口脱贫，与全国同步全面建成小康社会，实现了安徽历史上亘古未有的伟大跨越。

（一）当家做主

　　新中国成立初期，安徽以长江为界，分为皖北、皖南两个行署区，皖北行署驻合肥，皖南行署驻芜湖。1952年，经中共中央批准，合并两个行署，恢复安徽省，省会设立在合肥。

　　初生的新安徽，百废待兴。

　　省委组织领导全省人民，开展反封建的土地改革，使千百万农民成为土地的主人；开展城市接管、社会改造等斗争，迅速医治战争创伤，人民精神面貌焕然一新；开展抗美援朝、保家卫国运动，极大地提高了人民的政治觉悟和爱国热情；贯彻党在过渡时期的总路线和实施发展国民经济的第一个五年计划，开展大规模经济建设，使近代以来贫穷落后、满目疮痍的江淮大地发生巨大变化。

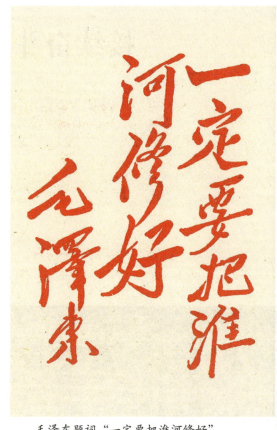

毛泽东题词"一定要把淮河修好"。

1954 年 11 月 6 日《安徽日报》刊发佛子岭水库竣工的消息。

特别是新中国成立初期，江淮儿女在毛泽东同志"一定要把淮河修好"的伟大号召指引下，迅速掀起第一次大规模治淮热潮，建设了佛子岭、梅山、响洪甸、磨子潭 4 座大型山谷水库，开辟了城西湖、城东湖、蒙洼和瓦埠湖 4 处蓄洪区以及 18 处行洪区，兴建了新中国最大的淠史杭灌区，对治理淮河水患、发展水利灌溉、促进农业发展发挥了巨大作用。

刚建成时的佛子岭水库。（资料照片）

俯瞰佛子岭水库。（资料照片）

▲ 在安徽省舒城县万佛湖（龙河口水库）大坝下面的公园里，许芳华老人向前来参观的学生讲述当年参加水库建设的情景。许芳华，84岁，中共党员。1958年，不满20岁的许芳华参加龙河口水库建设。本着"女子能顶半边天"的信念，她和女子突击队的姐妹们一起与男子突击队赛土方、比进度，由于成绩突出，她3个月入团、6个月入党，并获得"安徽省劳动模范"荣誉称号。

（许昊／摄）

▶ 在龙河口水库建设工地，许芳华（右一）带领女子突击队与男子突击队比赛。

（资料照片　田准／摄）

将军山渡槽。（资料照片　田准／摄）　凌空飞架的将军山渡槽两侧阡陌纵横、良田万顷。（岳阳／摄）

　　葛春华老人展示参加淠史杭工程建设荣获的各种奖状、奖章。葛春华，
87岁，中共党员，土建8级技术员。他1951年参加治淮工作，先后参加了
佛子岭水库、梅山水库、磨子潭水库、白莲崖水库、将军山渡槽、达山渡槽
等工程建设，1992年在淠史杭灌区管理总局通讯站退休。（许昊／摄）

位于安徽省金寨县的梅山水库。（资料照片）

位于安徽省霍山县的磨子潭水库。（资料照片）

位于安徽省霍邱县的城东湖渔场。（岳阳／摄）

一、接续奋斗终圆小康梦

位于安徽省金寨县的响洪甸水库。(资料照片)

淠史杭灌区。(蒋常虹/摄)

历史上的沿淮地区深受洪涝灾害。（资料照片）

安徽省阜南县蒙洼蓄洪区王家坝村。（李博／摄）

▲ 2018 年，经过集中整治的安徽省阜南县曹集镇西田坡庄台焕然一新。（吴文兵／摄）

▶ 安徽省阜南县王家坝镇郎楼庄台，校车送放学的孩子回家。（李博／摄）

全面建成小康社会　安徽影像记

霍山县药材公司技术干部在一起研究石斛生长情况。（资料照片）

1956年7月2日至15日，中共安徽省第一次代表大会召开，对加快社会主义建设步伐作出全面部署。

至1956年年底，安徽顺利完成了对农业、手工业和资本主义工商业的社会主义改造，把生产资料私有制转变为社会主义公有制。

安徽改天换地，建立了崭新的社会主义制度！

经过艰苦奋斗，到1957年，安徽胜利完成"一五"计划指标。全省工农业总产值增长42.2%，人均收入大幅增加，其中农民人均收入增长23.1%。

党的八大以后，社会主义革命和建设在探索中前进。

1961年，安徽农村实行"田间管理责任制加奖励"的"责任田"办法得到毛泽东同志的肯定，在全省大面积推广，促进了农村经济的发展，农民生活获得改善。

1956年7月2日至15日，中共安徽省第一次代表大会召开。

马鞍山钢铁公司、铜陵有色公司、安庆石化总厂、淮南煤矿、淮北煤矿等纷纷投资建设，发挥效益。安徽初步建立起独立的比较完整的工业体系和国民经济体系，成为新中国重要的能源基地、原材料基地和商品粮基地。

新中国成立初期的马钢炼钢车间。（资料照片）

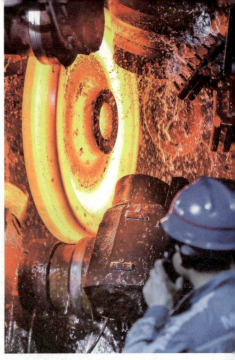

马鞍山经开区宝武集团马钢轨交材料科技有限公司职工在检验发往法国的高速动车轮对产品。（王文生／摄）

宝武集团马钢轨交材料科技有限公司职工在车轮生产线上赶制车轮订单产品。（王文生／摄）

在中国宝武马钢公司智园炼铁智控中心，工作人员遥控生产中的诸多环节。（李博／摄）

▶ 1953年5月1日，铜官山冶炼厂炼出第一炉铜水。（资料照片）

安庆石油化工厂炼油厂投产。（资料照片）

1957年10月，淮北矿区开发建设者在淮北平原搭建的工棚。（资料照片）

1970年的淮北煤矿人工开采。（资料照片）

中煤新集公司现代化的中采设备正在作业。（李博／摄）

1959年3月，合肥大蜀山公社进行春耕的场景。（资料照片）

收割机在安徽省阜阳市颍东区插花镇一处麦田作业。（郭海洋／摄）

　　模范共产党员杨效椿、爱民模范盛习友、人民的好医生李月华、舍身护桥的勇士蔡永祥、英雄战士石仁祥……江淮大地涌现出一大批坚持真理、敬业奉献的模范共产党员。

　　黄梅戏电影《天仙配》一举闻名，安徽的黄梅戏传唱大江南北；血吸虫、天花、鼠疫、黑热病等千百年来危害人民的传染性疾病基本得到了控制……社会主义革命和建设时期，教育科学文化卫生事业除旧布新，人民群众生活水平得到改善，精神面貌焕然一新！

▲　合肥矿山机器厂工人在访问农民工兄弟时，表演黄梅戏《打猪草》。（资料照片）

安徽省制造的第一条轮胎。（资料照片）

（二）改革春风

1978年安徽出现严重旱灾，以肥西"包产到户"和凤阳"大包干"为主要内容的农村经济体制改革在全国率先展开，以万里为第一书记的中共安徽省委大力支持，使农村改革热潮在全省范围内迅速兴起。

1980年5月31日，邓小平发表关于农村政策问题的谈话，支持安徽农村改革；1982年1月，中央印发《全国农村工作会议纪要》，肯定"包产到户、包干到户"都是社会主义集体经济的责任制，家庭联产承包责任制由安徽推向全国。

◀ 中国农村包产到户发源地——安徽省肥西县小井庄。（王骏／摄）

肥西县小井庄陈列的主题雕塑《破茧》。（王骏／摄）

"大包干"雕塑。（资料照片）

▲ 接送孩子的校车驶过小岗村门楼。充满生机和活力的小岗村正以昂扬的姿态迎接更加辉煌的未来。

（吴文兵／摄）

◄ 改革开放第一村，安徽省凤阳县小岗村焕发着持久的活力，村容村貌年年新。（杨竹／摄）

　　2005年，安徽省全面取消农业税，极大鼓舞了农民种粮积极性。图为2005年正月未过完，霍邱县农民就纷纷购买农机、化肥、种子等备战春耕。（资料照片　饶从武／摄）

安徽大力弘扬"改革创新、敢为人先"的小岗精神，不断深化农村改革。2000年3月，安徽成为全国农村税费改革唯一试点省，举全省之力进行改革探索，实现了"减轻农民负担、规范农村分配关系、促进农村上层建筑变革"的改革目标，为农村税费改革在全国推开探索了新路，提供了可复制的经验。2005年，安徽比全国提前一年取消农业税，使在中国延续了两千六百多年的"皇粮国税"率先在安徽退出历史舞台。

▲ 2006年1月29日，农历大年初一，安徽省泾县村民舞起板龙。
（李晓红／摄）

经过四十多年的发展，安徽旅游业从无到有、从小到大，一跃成为国民经济的支柱产业，进入全国旅游"第一方阵"。

游人在黄山风景区游览。（潘成／摄）

24

一、接续奋斗终圆小康梦

2003 年 12 月 12 日《安徽日报》头版刊发消息，安徽省将全面实施"861"行动计划。

进入新世纪，在国家实行中部崛起战略和扩大内需政策的激励和带动下，安徽实施工业强省、东向发展、创新驱动等发展战略，深入推进"861"行动计划，经济实力大幅提升，实现了人民生活从温饱不足到总体小康、奔向全面小康的历史性跨越，谱写了改革开放和社会主义现代化建设的崭新篇章。

据统计，1978 年到 2012 年，全省生产总值由 114.1 亿元提高到 17212.05 亿元，财政收入由 22.5 亿元提高到 3026 亿元，城镇居民人均可支配收入由 425 元提高到 21024.21 元，农村居民家庭年人均纯收入由 113 元提高到 7160.46 元。

（三）时代新篇

党的十八大以来，中国特色社会主义进入新时代。安徽人民在以习近平同志为核心的党中央坚强领导下，坚持以习近平新时代中国特色社会主义思想为指导，深入贯彻党的十八大、十九大精神，特别是习近平总书记两次考察安徽重要讲话指示精神，统筹推进"五位一体"总体布局，协调推进"四个全面"战略布局，各项事业取得历史性成就、发生历史性变革。

位于安徽省合肥滨湖新区的合肥国际金融后台服务基地。（范柏文／摄）

坚持下好创新先手棋，着力打造具有重要影响力的科技创新策源地。全省科技创新平台体系化建设取得显著进步，国家实验室、合肥综合性国家科学中心、合肥滨湖科学城、合芜蚌国家自主创新示范区、全面创新改革试验省"五个一"创新主平台建设初见成效。原始创新成果持续涌现，"九章"量子计算机、"嫦娥钢"、"质子刀"、"量子显微镜"、"墨子号"实验卫星等一批重大创新成果相继问世。科技创新与经济发展深度融合，"政产学研用金"六位一体的安徽创新馆启动运营。首届中国（安徽）科技创新成果转化交易会于 2021 年 4 月举行，发布科技成果 1043 项，集中展示 487 件科技创新成果，云签约 60 个项目，金额达 282 亿元。

在合肥科学岛上建成的"人造小太阳"——全超导托卡马克核聚变实验装置(EAST)。（资料照片）

◀ "墨子号"实验卫星由中国科学技术大学主导研制，2016年8月发射成功，在世界上首次实现卫星和地面之间的量子保密通信。图为在北京展览馆展出的世界首颗量子科学实验卫星"墨子号"的模型。

（吴文兵／摄）

▶ 在中国科学技术大学中科院量子信息与量子科技创新研究院多光子纠缠研究室，科研人员对量子计算原型机"九章"进行调试升级实验，调试光源线路。（徐旻昊／摄）

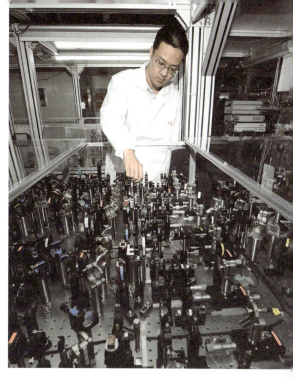

◀ 世界首条量子保密通信干线——"京沪干线"总控中心。（张大岗／摄）

位于合肥高新区的中科院量子信息与量子科技创新研究院。（徐旻昊／摄）

▶ 2017年9月27日，在中科院合肥物质科学研究院强磁场科学中心，40万高斯稳态强磁场实验装置通过国家验收组验收。

（徐旻昊／摄）

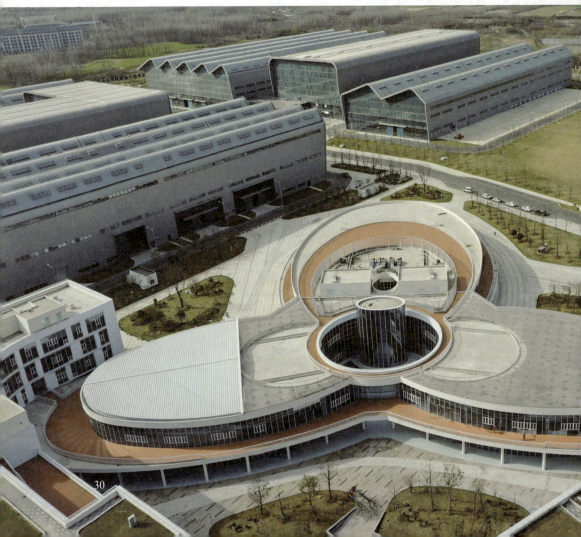

▲ 位于合肥高新区的中国科学技术大学先进技术研究院。（资料照片）

◀ 2022年3月26日，位于合肥市庐阳区三十岗乡的合肥综合性国家科学中心大科学装置聚变堆主机关键系统综合研究设施园区正式交付启用。这是继同步辐射、全超导托卡马克（EAST）和稳态强磁场三个大科学装置之后，合肥综合性国家科学中心的第四个大科学装置。

（赵明/摄）

▲ 2021 年 4 月 26 日，2021 中国（安徽）科技创新成果转化交易会开幕式在安徽创新馆举行，与会嘉宾通过视频观看科技成果公开竞价会。（李博／摄）

空中俯瞰安徽创新馆。（范柏文／摄）

▲ 2022年1月28日，江淮蔚来合肥先进制造基地流水线上，工人们正在按订单生产新能源汽车。2021年，江汽集团取得了年销52.4万辆，同比增长15.6%的好成绩。2021年，安徽全年汽车产量突破150万辆，达150.3万辆，创近五年新高；新能源汽车产量突破20万辆，达25.2万辆，创历史新高。（李博／摄）

◀ 位于合肥高新区的中国声谷是全国首个定位于人工智能领域的国家级产业基地，目前已成为特色明显、技术领先、配套齐全、辐射全球的先进制造业集聚区。

（李博／摄）

▲ 安徽省芜湖市埃夫特智能装备有限公司生产的工业机器人正在接受出厂前的测试检查。

（程兆／摄）

▶ 2020 年 10 月 29 日，在中国（安徽）自由贸易试验区蚌埠片区，蚌埠国显科技有限公司正在生产手机触控显示模组。

（徐旻昊／摄）

　　坚持把做实做强做优实体经济作为主攻方向，着力打造具有重要影响力的新兴产业集聚地。安徽进一步扩大开放合作、强化龙头引领、提升创新能力、破除体制机制障碍，战略性新兴产业产值规模不断提升。目前，重大新兴产业专项、重大新兴产业工程、重大新兴产业基地、国家战略性新兴产业集群的梯次推进格局基本形成，集成电路、新型显示器件、人工智能、先进结构材料等四个产业基地入选首批国家战略性新兴产业集群工程。

俯瞰位于安徽省合肥新站区的京东方10.5代线厂房。（李博／摄）

▲ 安徽省合肥经济技术开发区综合保税区。（徐旻昊／摄）

▶ 中国（安徽）自由贸易试验区芜湖片区综合服务中心大楼。（徐旻昊／摄）

坚持守正创新，着力打造具有重要影响力的改革开放新高地。安徽顺利完成了农村土地承包经营权确权登记颁证、农村集体产权制度改革整省试点任务。"专利权质押""区域科创板"等13项"全创改"举措、县域医共体"天长模式"等推向全国。安徽创新实施"一网一门一次""全省一单""四送一服"改革，省级行政权力事项保持全国最少。2020年9月，安徽成功获批建设自由贸易试验区，截至2021年2月底，自贸区内新设立企业3999家，协议引资3195亿元，其中包括蔚来汽车、欧菲光等91家总部类项目；安徽打造高能级开放展会，连续三年成功举办世界制造业大会，2019年习近平总书记专门向大会发来贺信，从国家层面赋予大会重要定位；安徽高铁运营里程跃居全国第一，2020年合肥中欧班列发运量稳居全国第一方阵。

▲ 中国（安徽）自由贸易试验区蚌埠片区展示中心，展馆面积5000平方米，利用全数字沙盘、光电工业模型等技术手段，展示着蚌埠近现代百年工业的发展历程与聚焦"硅基""生物基"产业发展的未来愿景。（程兆／摄）

新安江歙县南屏风光。在安徽省歙县，通过网箱退养、渔船退捕、岸线生态修复等综合治理，新安江两岸的风景越来越美。（潘成／摄）

　　坚持把好山好水保护好，加快打造经济社会发展全面绿色转型区。安徽牢固树立"绿水青山就是金山银山"的理念，始终将污染防治工作摆在突出位置，坚决打好蓝天、碧水、净土保卫战；严格沿江分级管控措施，落实好长江十年禁渔令，全面建设新阶段现代化美丽长江（安徽）经济带，长江流域水质创国家考核以来最好纪录，全省空气质量优良天数比例创有监测记录以来最好成绩；安徽探索出全国首个跨省流域生态补偿机制的"新安江模式"，成为我国生态文明制度建设的重大创新；安徽精心组织实施千万亩森林增长工程，率先推行林长制改革，首个全国林长制改革示范区在安徽揭牌。2019 年 12 月，林长制被写入新修订的《中华人民共和国森林法》。2020 年 12 月，中共中央办公厅、国务院办公厅印发《关于全面推行林长制的意见》，林长制由安徽推向全国。

▼　安徽省马鞍山市长江岸线滨江湿地公园。昔日的"脏乱差"，如今的"美如画"，现在的薛家洼、杨树林、芦苇江湾成了滨江湿地公园"网红打卡地"。（李博／摄）

▲ 安徽省旌德县是全国第一批"绿水青山就是金山银山"的实践创新基地，林业资源丰富，辖区马家溪国家森林公园以人工林和天然次生林植被为主，森林覆盖率为89%，林木绿化率为90%。（程兆／摄）

▶ 安徽省芜湖市长江箱子拐段，沿江岸线草木葱茏、清新宜人，与江堤内林立的高楼，构成一幅"十里江湾"美景图。

（范柏文／摄）

▶　一辆安徽合肥发往德国诺伊斯的专列缓缓驶出合肥货运中心合肥北站物流基地。截至2022年4月6日，合肥中欧班列已累计发运突破2200列。（李博／摄）

▲　2022年3月12日，在安徽省铜陵市老洲乡拍摄的长江铜陵段景色。（陈晨／摄）

（四）梦圆今朝

"全面建成小康社会，一个不能少；共同富裕路上，一个不能掉队。"党的十八大以来，以习近平同志为核心的党中央，把农村贫困人口脱贫作为全面建成小康社会的突出短板、底线任务和标志性指标，把脱贫攻坚摆在治国理政的突出位置，大力推进精准扶贫、精准脱贫。

安徽在打赢脱贫攻坚战中秉承"敢闯敢试、敢为人先"的大包干精神，坚持"重精准、补短板、促攻坚"，交出了一份中央放心、人民满意、可载入安徽发展史册的优异答卷。

金秋时节，安徽省肥西县山南镇小井庄村种粮大户陈良玉手捧丰收的稻子，喜笑颜开。
（吴文兵／摄）

43

2020 年，全面建成小康社会取得伟大历史性成就，决战脱贫攻坚取得决定性胜利，贫困群众全部实现不愁吃不愁穿，全面实现义务教育、基本医疗、住房安全和饮水安全有保障，获得感、幸福感显著增强！

启航新征程，阔步再出发。站在"两个一百年"奋斗目标的历史交汇点上，大江南北，淮河两岸，一幅经济强、百姓富、生态美的锦绣画卷正徐徐展开。

▲ 安徽省舒城县五显镇村民在 8000 平方米的桑枝玉木耳用菌生产基地采摘玉木耳。（陈力／摄）

安徽省肥西县上派镇彭圩村积极发展园艺花卉特色产业，以高档花卉生产基地带动村民在家门口实现就业增收。（黄连广／摄）

▲　安徽省砀山县葛集镇新华村果农在自家油桃大棚里"直播带货"。

（崔猛／摄）

◀　安徽省黟县西递村村民利用晴好天气晾晒玉米、辣椒等农作物，乡村呈现出一幅幅赏心悦目的"晒秋图"。

（刘军喜／摄）

金秋的庐江县柯坦镇，金色稻田与驰骋的高铁列车相映衬，构成美丽乡村新画卷。（王闽／摄）

传统农业大省的蝶变

QUANMIAN

JIANCHENG

XIAOKANG

SHEHUI

全面建成小康社会

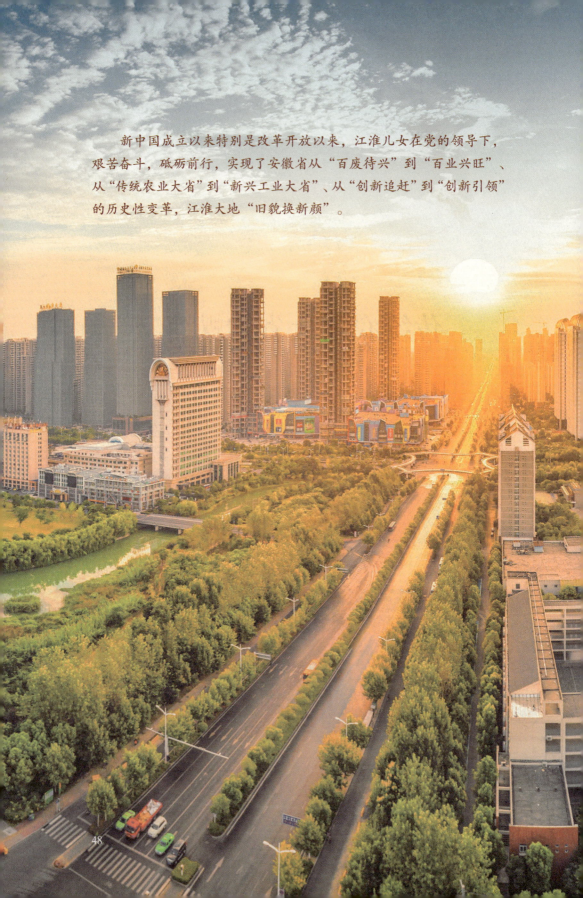

新中国成立以来特别是改革开放以来，江淮儿女在党的领导下，艰苦奋斗，砥砺前行，实现了安徽省从"百废待兴"到"百业兴旺"、从"传统农业大省"到"新兴工业大省"、从"创新追赶"到"创新引领"的历史性变革，江淮大地"旧貌换新颜"。

（一）发展能级更高

　　1952 年，安徽国内生产总值仅为 22.9 亿元。经过多年的厚积薄发，安徽在新时代奋力崛起，发展阶段从"总量居中、人均靠后"向"总量靠前、人均居中"迈进，国内生产总值由 2016 年 2.6 万亿元增长到 2020 年 3.9 万亿元，从全国第十四位提升到第十一位；人均生产总值从全国第二十五位提升到第十三位。2021 年上半年，全省生产总值 20576.5 亿元，同比增长 12.9%，两年平均增长 6.6%，快于全国 0.2 个百分点，增幅居全国第七位。

　　从产业结构上看，新中国成立初期，安徽一产占比 75% 以上，工业占比仅 7.9%；到 2020 年，一产占比降至 8.2%，工业占比达 40.5%，智能家电、电子信息、新能源汽车、工业机器人、人工智能等新兴产业蓬勃发展，先进制造挺起安徽工业脊梁。

安徽合肥滨湖新区。（王斌/摄）

特别是近年来，安徽深入推进"三重一创"建设，以"铜墙铁壁"为代表的传统产业脱胎换骨，智能制造工程和制造业数字化转型行动深入实施，马钢与中国宝武完成战略重组，海螺集团、铜陵有色蝉联世界500强。

以"芯屏器合"为标识的十大新兴产业茁壮成长。合肥集成电路、新型显示器件、人工智能和铜陵先进结构材料入选首批国家级战略性新兴产业集群，合肥智能语音入选国家先进制造业集群，合肥国家新一代人工智能创新发展试验区获批建设，海峡两岸集成电路产业合作试验区加快推进，长鑫19纳米动态存储芯片实现量产，蔚来新能源汽车累计交付超10万辆，华米可穿戴设备销量全球第一。

以"融会观通"（现代金融、会展经济、文旅观光、商贸流通）为主体的现代服务业异军突起。现代金融、商贸流通等生产性服务业向专业化和价值链高端延伸，会展经济、观光旅游、健康养老等生活性服务业向高品质和多样化升级，"放心消费在安徽"升级版的影响力日渐显现，2020年全省社会消费品零售总额超1.8万亿元，增速居全国第三名。

以"大智移云"为重点的数字产业抢滩布局。工业互联网、物联网、云计算、区块链等技术创新和产业发展迅猛，江淮大数据中心、超算中心、5G网络等"新基建"加快建设，"皖企登云"提质扩面，数字经济与实体经济深度融合。

安徽铜陵有色金威铜业公司工人在吊运铜板带。（过仕宁／摄）

中国宝武马钢股份长材事业部小H型钢生产线上，职工正加快生产集装箱专用H型钢订单产品。

（张磊／摄）

位于安徽省合肥市新站区的合肥京东方10.5代线生产车间。（李博／摄）

安徽省合肥市新站高新区维信诺（合肥）研发的第六代
全柔 AMOLED 显示屏。（徐旻昊／摄）

▲ 位于安徽省合肥市经开区的江淮蔚来制造基地。（李博／摄）

▼ 2022年1月28日，江淮蔚来合肥先进制造基地流水线上，工人们正在按订单生产新能源汽车。2021年，江汽集团取得了年销52.4万辆，同比增长15.6%的好成绩。（李博／摄）

江淮无人驾驶汽车研发团队邀请产线人员对无人车辆改进提意见。（李博／摄）

江淮无人驾驶汽车在线路上测试。（李博／摄）

▶　2019 年 5 月 18 日，第十一届中国中部投资贸易博览会在江西南昌开幕。图为参观者在安徽展馆体验科大讯飞的翻译机。（徐旻昊 / 摄）

◀　参观者在安徽展馆了解科大讯飞的引导机器人小途。（徐旻昊 / 摄）

▼　安徽展馆展出的华米科技各类智能手表。（徐旻昊 / 摄）

▲ 位于安徽省合肥市高新区的中国声谷体验平台。（李博／摄）

◀ 在中国声谷体验平台，工作人员展示会说话的机器人。（李博／摄）

位于安徽省合肥市瑶海区的长三角数字科技示范园。（范柏文／摄）

▶　在位于安徽省合肥市瑶海区长三角数字科技示范园内的安徽华晶微电子材料科技有限公司无尘车间，工人在键合丝生产线上忙碌着。

（范柏文／摄）

▲ 安徽省蚌埠市大富科技股份有限公司，工作人员为配天工业机器人安装测试。（程兆／摄）

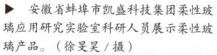

▶ 安徽省蚌埠市凯盛科技集团柔性玻璃应用研究实验室科研人员展示柔性玻璃产品。（徐旻昊／摄）

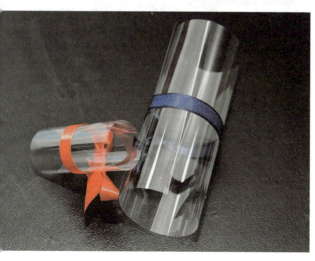

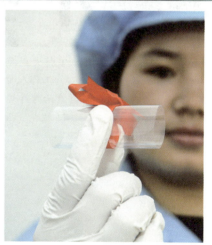

◀ 安徽省蚌埠市凯盛科技集团研发的柔性玻璃产品。（徐旻昊／摄）

▲ 2021 年 5 月 14 日，中科大附属第一医院合肥离子医学中心，工作人员在演示质子治疗系统的旋转束治疗终端。

（程兆／摄）

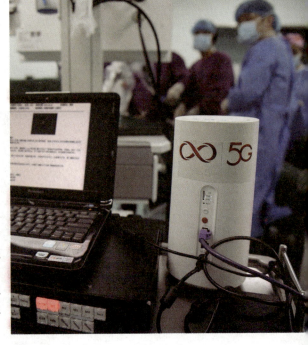

▶ 2019 年 5 月 10 日，安徽省石台县人民医院手术全程借助"德医云"平台以 4K 超高清画面实时在线传输至安徽医科大学第二附属医院远程医学中心，二附院医学专家进行精准指导，并远程调节现场手术器械，实现手术的 5G 远程协同操作。（徐旻昊／摄）

（二）发展格局更大

　　安徽居中靠东，沿江通海，处于全国经济发展的战略要冲和国内几大经济板块的对接地带。经过多年大规模建设，立体的交通网络日趋完善，全省铁路密度和高等级公路密度居中部地区前列，承东启西、连南接北的区位优势更加凸显。

　　进入新时代，安徽发展格局从"承东启西"向"左右逢源"迈进，长江经济带、长三角一体化、中部地区高质量发展等国家战略叠加覆盖，安徽在全国的位势越来越突出。

安徽省依托皖江黄金水道，全力促进内河水运和通关一体化、贸易便利化协同发展，不断巩固全国内河水运大省的地位。图为安庆港。（李博／摄）

正式迈入长三角大家庭。2018 年 11 月 5 日，习近平总书记在首届中国国际进口博览会上宣布，支持长江三角洲区域一体化发展并将其上升为国家战略。2019 年 5 月 13 日，习近平总书记主持召开中共中央政治局会议，审议《长江三角洲区域一体化发展规划纲要》，要求上海、江苏、浙江、安徽增强一体化意识，加强各领域互动合作，扎实推进长三角一体化发展。长三角一体化发展国家战略，确认安徽正式成为长三角的重要组成部分，赋予安徽史无前例的发展机遇，引领安徽在中高质量发展上奋力前行。

▲　2021 年 4 月 30 日上午，安徽省芜湖宣州机场正式开通。（沈宫石／摄）

▶　位于安徽省芜湖经济技术开发区的中车浦镇庞巴迪公司，是由中车南京浦镇车辆有限公司和庞巴迪运输集团共同组建的高新技术企业，专门从事轨道交通车辆及系统设计、生产、集成与销售。

（徐旻昊／摄）

◀ 2020年6月30日，架桥机将重达632吨、长34.9米的箱梁成功架设在滁宁城际铁路相官镇特大桥11号、12号墩上，滁宁城际铁路全线首梁成功架设。

（李博／摄）

合肥南动车运用所的动车组列车整装待发。（李博／摄）

　　区域协同发展奏响协作曲。往东，长三角迈向"一体化"，省委主要负责同志率团五年三赴沪苏浙学习考察对接，推动"一地六县"生态优先绿色发展产业集中合作区、省际毗邻地区、省际产业合作园区、各省辖市、各市城区五个区块链接细化成局，沪苏浙来皖投资实际到位资金占全省利用省外资金一半以上。朝西，中部地区联结"一条心"，谋划制定推动中部地区高质量发展的安徽方案。向内，"一圈五区"形成"一盘棋"，构建起以合肥都市圈和合芜蚌、皖江、皖北、大别山、皖南多极支撑的省域发展格局，全省常住人口城镇化率达 56.9%。

　　努力实现更高水平开放。2018 年、2019 年，安徽连续举办两届世界制

造业大会；2020 年，世界制造业大会江淮线上经济论坛成功举行。国家主席习近平向 2019 世界制造业大会亲致贺信，从国家层面赋予大会重要定位。2020 年 9 月 24 日，中国（安徽）自由贸易试验区正式揭牌运营。对外贸易持续增长，合肥中欧班列发运量居全国前列。

▲ 安徽省广德市农业产业化示范基地惊石农业科技发展有限公司生产的"蔬菜包"刚下线就被运往沪苏浙市场销售。

（吴文兵／摄）

◀ 位于安徽省滁州市境内的中新苏滁高新区一、二期定向建设工业坊（标准化厂房）内，企业入驻率达 100%。

（计成军／摄）

63

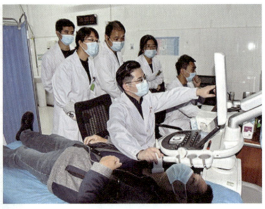

▲ 市民在安徽省广德市政务服务大厅长三角"一网通办"窗口办理业务。(王仲钧/摄)

▲ 上海医务专家来到安徽省界首市人民医院开展义诊和医疗技术帮扶活动。(王东军/摄)

▼ 清清新安江水,情牵皖浙两省。全程约350公里的皖浙1号旅游风景道,西起黄山屯溪老街,东至杭州(钱江新城),形成沿江线型的全域旅游自驾公路。图为安徽省歙县新安江山水画廊。(潘成/摄)

▲ 在安徽省黟县宏村，众多来自沪苏浙的游客陶醉在"画里乡村"。杭黄高铁的开通和便捷的高速公路网，带动区域旅游产业发展，使安徽成为长三角的"后花园"。（潘成／摄）

2021 年 4 月 28 日，在中科院合肥物质科学研究院，工作人员对全超导托卡马克核聚变实验装置（EAST）内部进行升级改造。（徐旻昊／摄）

位于安徽省合肥市的中国科学技术
大学国家同步辐射实验室建有我国第一
台以真空紫外和软 X 射线为主的专用
同步辐射光源。（杨竹／摄）

（三）发展动力更强

创新是安徽最为宝贵、最具优势的"遗传基因"。

凤阳小岗村，吹响了中国农村改革的号角。合肥与中国科学技术大学，
风雨携手半个世纪，书写了一座城市与一所大学互促互进、相映生辉的
创新故事。

世界第一台全超导核聚变实验装置，世界第一台 VCD，世界第一台
变容式冰箱，中国第一台专用同步辐射光源，中国第一台微型电子计算
机……这些敢为人先的"第一"，镌刻着安徽创新创造的足迹，重新定
义了江淮大地的气质内涵。

合肥无线电二厂工人在生
产黄山牌电视机。（资料照片）

蚌埠无线电一厂工人在生产熊猫牌
收音机。（资料照片）

进入新时代，安徽创新的"金字招牌"越擦越亮。国家实验室、合肥综合性国家科学中心的获批布局，标志着安徽在全国创新大格局中占据了重要地位，成为代表中国参与全球科技竞争与合作的重要力量。

"悟空"探秘、"墨子"传信、"高分"观测、"人造太阳"、超薄玻璃刷新世界纪录，"九章"量子计算原型机、"嫦娥钢"、"质子刀"、"量子显微镜"等相继问世。量子通信、稳态强磁场、同步辐射光源、聚变能等全球领先，更多领域在国际"赛道"上实现"并跑领跑"。

2021年，安徽启动科技创新攻坚力量体系建设，深入开展科技创新"攻尖"计划，重大创新成果持续涌现。

着力打造"五个一"创新主平台，大科学装置呈集群发展之势，区域创新能力连续九年稳居全国第一方阵，安徽成为全国最集中、规模最大、原始创新水平最高的地区之一。发展动力从"要素驱动为主"向"创新驱动为主"迈进！

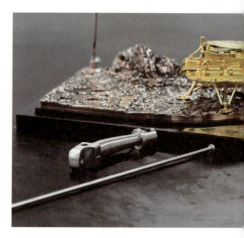

▲ 2021年5月15日在中科院合肥物质科学研究院固体物理研究所拍摄的"天问一号"模型与其使用的缓冲拉杆（下）与限力杆。（徐旻昊/摄）

合肥科学岛。（徐旻昊/摄）

▶ 2021年12月1日，在合肥市高新区，国家高新技术企业龙芯中科(合肥)技术有限公司，工程技术人员就最新的龙芯CPU进行应用程序接口开发。2021年，龙芯中科推出自主指令系统LoongArch，龙芯CPU从顶层架构到指令功能和ABI标准等，全部实现自主设计，不需国外授权。（徐旻昊/摄）

2021年12月1日，工作人员展示采用了LoongArch的台式机处理器芯片3A5000。（徐旻昊/摄）

▲ 位于安徽省合肥市经开区的联宝(合肥)电子科技有限公司(简称"联宝科技")成立于2011年,是联想(全球)最大的PC研发和制造基地,全球每新售8台笔记本电脑,就有1台来自联宝科技。(李博/摄)

▲ 联宝科技的工人在生产电脑主板。(温沁/摄)

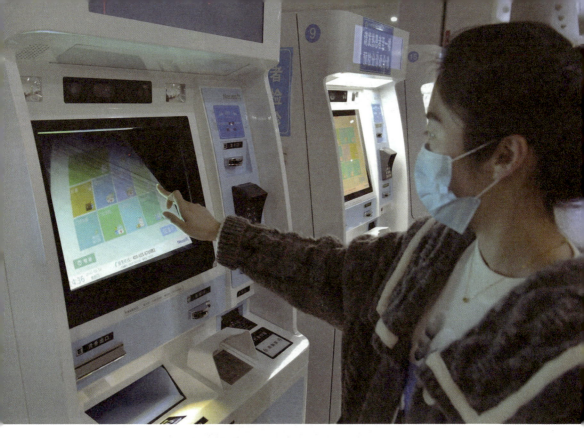

▲ 在安徽医科大学第一附属医院，市民使用无接触挂号机挂号。安徽东超科技有限公司研发的空中成像技术能够使操作者避免交叉感染。

（程兆／摄）

▲ 位于马鞍山市郑蒲港新区的安徽富信半导体科技有限公司，技术人员在查看半导体元器件生产情况。近年来，马鞍山市郑蒲港新区与合肥、南京集成电路产业配套发展，形成以封装测试为基础，集聚IC设计、SMT贴片、应用材料等上下游企业的产业集群。（范柏文／摄）

在 2019 年 9 月 20 日开幕的 2019 世界制造业大会上，参会嘉宾在欣赏安徽奇瑞新能源概念车。（徐旻昊 / 摄）

中国科学技术大学研发的体验交互机器人"佳佳"吸引参观者眼球。（徐旻昊 / 摄）

市民在高端制造展区参观安徽应流集团研发的轻型直升机。（徐旻昊／摄）

哈工大机器人（合肥）国际创新研究院研制的六轴协作机器人演示倒水。

（徐旻昊／摄）

创新安徽

B-00D6

科技感十足的安徽创新馆"创新中国，创新安徽"展区。（徐旻昊／摄）

74

（四）发展成色更优

　　安徽的发展是更加注重全面协调可持续的发展，安徽的发展是更加注重增强民生福祉的发展，安徽的发展是更加注重生态环境的绿色发展。

　　脱贫攻坚任务如期完成。绝对贫困问题得到历史性解决。484 万贫困人口全部脱贫，3000 个贫困村全部出列，31 个贫困县全部摘帽，大别山等革命老区、皖北地区和沿淮行蓄洪区区域性整体贫困问题得到历史性解决。

　　2019 年 10 月 20 日航拍的金寨县马鬃岭公路景色。被誉为"大别山最美旅游环线"的马鬃岭旅游扶贫公路，串联起沿线的多个旅游景点，吸引大量游客观光游览，有效带动当地旅游扶贫经济发展。（王闽/摄）

不断增强民生福祉。精准实施 33 项民生工程，不断提高就业、教育、医疗、社保、养老、托育等基本公共服务水平。城镇、农村常住居民人均可支配收入稳步增长。进一步巩固脱贫攻坚成果，加快乡村全面振兴，大力推进乡村建设行动，扎实推进农村环境"三大革命""三大行动"，着力打造幸福新农村。

▲ 2018 年，安徽省金寨县古碑镇公交站建成，投入车辆 25 台，开通线路 7 条，主要承担城镇、镇镇、镇村公交的客运任务，当地老人可凭老年优待证免费乘车。（温沁／摄）

▼ 安徽省庐江县境内，合安高铁庐江段与引江济淮工程并驾齐驱。水陆大交通快速推进、协调发展，将为当地经济社会发展注入新的活力。（左学长／摄）

二、传统农业大省的蝶变

◄ 安徽省芜湖市繁昌区峨山镇东岛村，校车行驶在春花烂漫的乡村道路上。

（肖本祥／摄）

▲ 近年来，电子商务进农村工程带动农民增收。图为安徽省当涂县湖阳镇石臼湖蟹农将螃蟹打包，通过冷链物流运往全国各地。（陶晓群／摄）

▶ 安徽省凤阳县小岗村依托现有太阳能、地热、水源、秸秆等资源，实行一体化智能管理，同时将大数据、云计算、物联网等融入小岗村政务、民生等多方面，为小岗村改善民生、产业升级、经济发展注入智慧科技力量。图为小岗村农光互补体验园。

（李晓村／摄）

安徽省铜陵滨江生态公园的码头书屋，市民可听着涛声阅读图书。（李博／摄）

以"铁腕治江"守护"美丽皖江"。把打造水清岸绿产业优的新阶段现代化美丽长江（安徽）经济带作为生态文明建设一号工程，严格沿江"1515"分级管控措施，实打实贯彻长江十年禁渔令，实现建档立卡、证注销、船封存、网销毁四个百分百，长江流域水质创国家考核以来最好纪录，野生江豚群再现皖江。

以"绿水青山"激活"金山银山"。目前全省森林覆盖率超过 30%，PM$_{2.5}$ 平均浓度下降 25%，空气质量优良天数比率达 82.9%，创有监测记录以来最好成绩，城市黑臭水体基本消除，近五年来单位生产总值二氧化碳排放累计下降 18%。

以"制度创新"推动"绿色常新"。首创林长制改革，加快建设全国首个林长制改革示范区，与浙江共同谋划新安江—千岛湖生态补偿试验区，新安江成为全国水质最好的河流之一，"富一方百姓是政绩，养一方山水也是政绩"的理念深入人心。

夜色中的安徽省铜陵滨江生态公园码头书屋成为江面上一道亮丽的风景。（高凌君／摄）

整治前的脏乱差的滨江小码头。（高凌君／摄）

三

绘就"三农"新风景

QUANMIAN

JIANCHENG

XIAOKANG

SHEHUI

全面建成小康社会

夏收时节，在安徽省蒙城县三义镇楚桥村麦田，农机手驾驶收割机进行粮食机收减损技能比武。（胡卫国／摄）

（一）把饭碗牢牢端在自己手中

　　粮食事关国计民生。2021年，安徽省夏粮实现"十八连丰"。回首百年路，一代代江淮儿女在中国共产党的带领下，解放思想、真抓实干，一步步实现"把饭碗牢牢端在自己手中"。

1. 实现"耕者有其田"

时间回拨到新中国成立之初，安徽省先后实施"土地改革"、农业生产互助组和合作社以及人民公社制度，真正实现"耕者有其田"。在这样的背景下，安徽省粮食生产发展迅速，粮食总产量从1949年的639.2万吨增长到1969年的933万吨。

安徽省当涂县薛镇公社农民在抢收中稻。（资料照片）

"大包干"前田间耕作场景。（资料照片）

2. 率先发起"大包干"

　　1978 年，安徽省发生百年不遇的特大干旱，人民生活严重困难，省委作出把集体无法耕种的土地借给农民耕种，谁种谁收，不向农民收统购粮的决策。"借地种粮"的政策唤起了农民生产积极性，也引发一些地区"包产到组""包干到户"行动。凤阳小岗村在此之列，小岗村 18 位农民按下红手印，率先发起"大包干"，此后"大包干"以燎原之势迅速推广到全国。家庭联产承包责任制将原来"工分制"调整为按劳分配，分户经营、自负盈亏，极大地调动了农民的生产积极性。1979 年全省粮食产量 1609.5 万吨，比上年增长 8.6%。

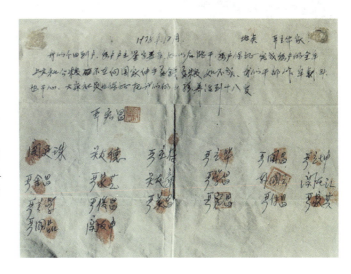

▶ 当年安徽省凤阳县小岗村农民按下红手印的"大包干"契约。（资料照片）

1979 年的小岗村。（资料照片）

1981 年，部分"大包干"带头人在茅草屋农舍前合影。（资料照片）

2018年5月19日，部分"大包干"带头人在留作纪念的"当年农家"茅草房前展示农村土地承包经营权确权登记证书、集体资产股权证。（吴文兵／摄）

俯瞰今日的小岗村。（程兆／摄）

85

3. 取消延续千年的农业税

背上玉米、稻谷，跟着父辈去缴公粮，是不少"85后"乃至"90后"的共同记忆。1999年，安徽省农民每年人均负担超过270元。税负重很大程度影响了农民种粮积极性，耕地抛荒问题日益严重。2000年，安徽被定为唯一农村税费改革试点省份，为全国最终取消延续两千六百多年的农业税奠定了实践基础。卸下肩上的重负，农民生产积极性再度高涨，抛荒的地重新长出了粮。2001年，全省粮食播种面积7948.19万亩，到了2009年，猛增到9908.35万亩。

◀ 2003年6月27日，安徽省蒙城县常兴镇赵店村农民刘广春向人们展示他收到的"明白袋"。这个"明白袋"中不仅装有农民负担监督卡，还有农业税缴纳通知单以及县里印发的致全县农民的一封信等，其目的是巩固农村税费制度改革的成果，防止农民负担反弹。

（胡卫国／摄）

▲ 国家免征农业税等一系列惠农政策极大地激发和调动了农民的种粮积极性。刚到立春，安徽省蒙城县农民便纷纷进城选购农业机械，提前为春耕春播做好准备。（胡卫国／摄）

◄ 2005年1月18日，安徽省灵璧县司房村农民司文体深有感触地说："国家给了农民更多的实惠，今年又取消了农业税，往后种地更有盼头了。"图为司文体正在出售小麦。（武正润／摄）

4. 启动粮食高产攻关计划

取消农业税后，安徽省将注意力投向科技，开始了对高产长达十年的不懈追逐。2005 年，安徽省启动小麦高产攻关计划。2006 年，小麦总产达 193.4 亿斤，比 2005 年增收 31.8 亿斤，到 2010 年，累计增产 79.7 亿斤，单产超全国平均水平。秉承这个思路，安徽省先后启动小麦高产攻关、水稻产业提升、玉米振兴计划"三大行动"。2010 年，"三大行动"第二轮规划启动，提出到 2020 年安徽省将在 2007 年产量基础上实现增产 220 亿斤的目标，粮食综合生产能力达到 800 亿斤。这一目标提前达成，全省 2018 年粮食总产达 801.5 亿斤，位居全国第四。

▲ 2011 年，安徽省芜湖县大力实施油菜万亩高产创建示范工程。图为技术人员在对创建区油菜进行理论测产。

（许孝平／摄）

▲ 2012 年 5 月 30 日，安徽省阜阳市农委组织农业专家来到颍泉区中市办中北村田间，对 200 亩"烟农 5286"小麦高产示范片进行测产。（王彪／摄）

▲ 2011年6月3日，大型联合收割机在安徽省蒙城县乐土镇麦田为农民抢收小麦。经过持续六年小麦高产攻关行动的努力，蒙城县成为继2010年涡阳县实现"千斤县"之后的安徽省第二个小麦单产"千斤县"，平均亩产达508.4公斤。（胡卫国／摄）

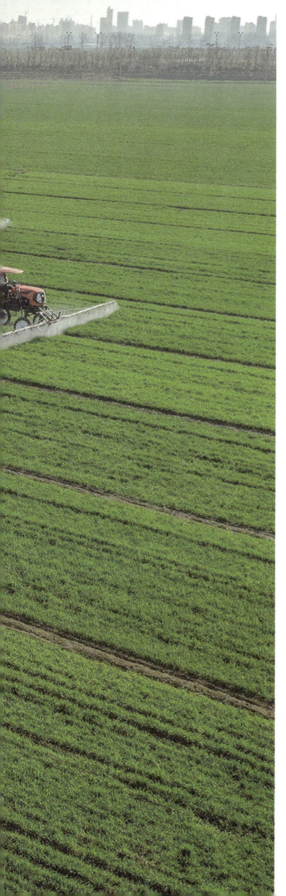

5. 藏粮于地、藏粮于技

　　党的十八大以来，党中央高度重视粮食生产，粮食综合生产能力不断巩固提升。"十三五"以来，安徽省落实"藏粮于地、藏粮于技"战略，加强高标准农田建设，突出科技支撑作用，大力调优结构，深化农业供给侧结构性改革。现在，安徽省三大主粮均已实现全程机械化生产，为增产提供了扎实保障。2021 年 6 月，位于涡阳县新兴镇的"谷神麦 19"小麦田块单产达 860.6 公斤，再次刷新安徽省小麦单产纪录。

　　回望来时路，吃不饱饭的问题渐渐成为历史。如今，安徽不仅自己的饭碗不愁，还是五个粮食调出大省之一，为国家粮食安全作出贡献。

◀　春回大地，安徽农民忙着春耕春管。图为在安徽省五河县龙潭湖良种示范繁殖农场，农业机械在麦田喷洒农药。

（李博／摄）

▲ 安徽省凤台县怀彪农机服务专业合作社
员工使用卫星平地仪平整土地。（李博／摄）

▲ 土地平整的定位系统。
（李博／摄）

◀ 种粮大户通过手机第
一时间了解春种数据。
（李博／摄）

安徽省五河县气象局工作人员在调试气象物联网传感设备。（李博／摄）

冬小麦赤霉病防治的关键时期，安徽省全椒县农业部门组织 120 名技术员"包村联户"引导农民强化麦田科技管理，利用植保无人机对小麦进行大规模喷药作业，提高麦管效率。（沈果／摄）

93

在素有"淮上粮仓"之称的安徽省六安市霍邱县临淮岗乡下姜台村，农用直升机在对大面积小麦种植区域进行飞防作业。（田凯平／摄）

▶ 在安徽省巢湖市光明槐祥工贸集团粮食收购点，工作人员在查看入库小麦。（马丰成／摄）

▼ 在安徽省濉溪县铁佛镇油榨村麦田里，收割机、搂草机、秸秆打捆机、运输车辆同时进行小麦收割、秸秆打捆运输作业。（李鑫／摄）

（二）改革成就庄稼人的梦想

从"大包干"，到农村税费改革，再到农村综合改革，安徽省始终站在农村改革的潮头，树立起中国农村改革的标杆。

1. 始于安徽的农村改革

1978 年冬夜，凤阳县小岗村，严立华家中，18 个饥肠辘辘的小岗农民，在一份手写的"秘密契约"上，按下孤注一掷的红手印。"我们分田到户……""如不成，我们干部坐牢杀头也甘心……"四十多年后，这份契约已成为中国改革重要的见证之一，静静躺在中国国家博物馆里。

"当年贴着身家性命干的事，变成中国改革的一声惊雷，成为中国改革的标志。"2016 年 4 月 25 日，习近平总书记在安徽考察，到了小岗村，总书记这样说。

　　"大包干"豁出去的，是庄稼人的血性，是安徽的敢为天下先。始于小岗的"大包干之火"，迅速以燎原之势燃遍全国。

　　2018 年 11 月 21 日，在北京"伟大的变革"庆祝改革开放 40 周年大型展览上，观众在安徽小岗村 18 位农民按下"包产到户"红手印的雕塑前驻足参观。（吴文兵／摄）

安徽省凤阳县小岗村"当年农家"成为当地标志性的旅游景点之一。（程兆／摄）

游客来到农村改革发源地——安徽省凤阳县小岗村大包干纪念馆参观，感受"敢于创造、敢于担当、敢于奋斗"的"小岗精神"。（吴文兵／摄）

2. 农村税费改革唯一试点省

20世纪末，农业税负繁重，农民种粮积极性消退。2000年，安徽被定为唯一农村税费改革试点省份，安徽省再次勇立改革潮头。"多予、少取、放活"，试点地区的成功探索，此后成为国家延续多年的"三农"政策主基调。2005年，安徽省取消农业税，安徽经验迅速在全国被复制。

丰收的喜悦。（李博／摄）

2004 年 12 月，秀山乡西涧村冯屋组村民对境内的当家塘进行扩容。农村税费改革之后，怀宁县通过"一事一议"推动水利兴修。

（钱续坤／摄）

2004 年，全国首批农村税费改革试点县安徽省怀远县通过一系列举措使全县农民直接增收 10622 万元，人均增加政策性收入 93.8 元。图为怀远县城关镇靠山村村民在领取农业税灾歉退税补偿金。（叶胜利／摄）

2006 年 2 月 12 日，来安县舜山乡村民与乡村干部一起梳理群众对党委政府工作的意见建议。农村综合改革试点县——安徽省来安县通过建立政情民意信息沟通互动机制，推动农村各项工作的开展。（陈金城／摄）

3. 开展农村综合改革试点

改革没有完成时，只有进行时。"活"起来的农村，一度让基层干部陷入迷茫。免除农业税后，农村基层工作机制如何作出相应变革？

从问题导向出发，一场触动政府职能转变的改革拉开序幕。2005 年年初，安徽省在 18 个县开展农村综合改革试点，"农村改革第三波"启动。截至 2014 年，全省 105 个县（市、区）都建立了政务服务中心，1257 个乡镇全部建立为民服务中心，90% 以上的村设立为民服务代理点。

根据部署，从 2014 年至 2016 年年底，安徽省在 20 个农村综合改革试点县开展农村土地确权登记颁证试点工作。图为岳西县毛尖山乡板舍村老屋组启动土地确权颁证勘界确权的测绘工作。

（吴文兵／摄）

◀ 2015 年 8 月 13 日阜阳市颍泉区闻集镇闻集行政村钱营的 20 名村民代表高兴地领到了《农村土地承包经营权证》。

（王彪／摄）

4. 推进农村"三变"改革

党的十八大以来，特别是习近平总书记考察安徽以来，江淮儿女满怀豪情，干劲十足，推动农村改革向纵深发展。

以处理好农民和土地的关系为主线，巩固完善农村基本经营制度。率先开展农村土地确权登记颁证，深化农村土地"三权分置"，稳步推进农村集体产权制度改革，加快推进农村"三变"改革。赋予了农民长久而有保障的土地承包权，让农民吃下"定心丸"；农民的集体资产产权由"虚"转"实"，正在变为"真金白银"。

截至 2020 年年底，安徽省开展"三变"改革的村（居）已达到 10812 个，覆盖面达到 68%；培育各类新型农业经营主体 22 万个，家庭农场数量位居全国第一。

▶ 2016 年 4 月 19 日，在天长市铜城镇余庄村，54 岁的华宏林展示鲜红的农村集体经济组织股权证书。这是天长市铜城镇余庄村农村集体资产股份权能改革试点发放的首份股权证，也是全省股权发放"第一证"。

（李炳旺／摄）

▲　2015 年 7 月 8 日，在安徽省凤阳县小岗村大包干纪念馆，几名小岗村农民在展示刚刚领到的《农村土地承包经营权证》。（吴文兵／摄）

▶　2017 年 9 月 29 日，在安徽省肥东县牌坊回族满族乡高塘社区，3480 位农民领到《村级股份经济合作社股权证》，可以参与管理决策和收入分配，享受分红。

（许庆勇／摄）

◀ 2018年2月9日，安徽省凤阳县小岗村集体资产股份经济合作社分红大会在大包干纪念馆前举行，这是小岗改革开放四十年来首次实现集体资产股份经济合作分红。（高斌／摄）

▲ 2022年1月26日，安徽省凤阳县小岗村2021年度集体经济股份合作社分红暨先进典型表彰大会在小岗村干部学院报告厅举行。2021年，小岗村实现村集体经济收入1220万元，村民人均可支配收入30500元，每位村民可得分红620元。这是小岗村第五年进行集体经济股份合作社分红，分红金额实现五连升。（徐旻昊／摄）

▲ 2018 年 8 月 30 日，安徽省旌德县三溪镇路西村全域旅游标兵户马来青正在向游客推介自家的民宿。该村通过"公司＋协会＋农户"，带动村民发展 36 户农家乐、11 户农家客栈，以统一运营的方式增收致富，户均增收 2 万元。

（吴文兵／摄）

▶ 路西村整合了扶持集体经济发展基金、茶产业项目资金，将老茶园茶房修葺一新，新建沥青道路，新增 800 亩滴灌设施，老茶园焕发新生机。通过公开招标，茶园发包年收益 10 万元，园中茶房租赁年收益 3 万元。（吴文兵／摄）

▲ 2018 年 9 月 6 日，安徽省天长市永丰镇农民工创业园工作人员为厂房挂牌。蒲东村整合综合改革资金 110 万元，村集体出资 40 万元，在创业园建房出租，租金年收益 10 万余元。

（吴文兵／摄）

▲ 近年来，安徽省庐江县将茶叶产业作为现代农业主导产业之一重点扶持，鼓励农民发展名优茶"白云春毫"的种植，全县茶叶年产值近3亿元。图为庐江县万山镇长冲村茶叶种植基地。（左学长／摄）

安徽省濉溪县四铺镇坚持"农旅融合"发展，不断做大做强菊花产业。目前，该镇菊花种植面积超过2000亩，菊花种植已成为当地农民增收致富的重要途径。（万善朝／摄）

此外，安徽省还在全国率先探索林长制，"建、管、防"并举，建立了森林资源保护发展新模式；全面推行河（湖）长制，以"河长制"促进"河长治"。林长制、河（湖）长制改革成为安徽改革的特色品牌。供销合作社改革、农垦改革、农村金融改革稳步推进。改革红利加速释放，农村发展活力进一步迸发。

林业部门工作人员正在对马尾松有害生物进行日常监测。（程兆／摄）

安装在当地珍稀乡土树种——华东楠身上的定位芯片。（程兆／摄）

党的十九大报告中指出，要提供更多优质的生态产品以满足人民日益增长的优美生态环境需要。为了进一步保护青山绿水，遵循尊重自然、生态优先、绿色发展的原则，2017年9月，安徽省委、省政府正式出台《关于建立林长制的意见》，全省建立省、市、县、乡、村五级林长体系，构建责任明确、协调有序、监管严格、运行高效的林业生态保护发展机制，加强生态保护与修复，维护生物多样性，强化森林资源节约集约高效利用。

地处皖南山区的旌德县，林地面积97.7万亩，森林覆盖率达到69.2%，被纳入国家重点生态功能区，是全国首批"绿水青山就是金山银山"实践创新基地。人工造林、森林抚育突出增绿增效，利用"互联网＋"建立野生植物智能管理系统，森林病虫害防治、生态护林员的日常巡逻更为管绿护绿提供保障。

◀ 配合树木身上的定位芯片，森林公安通过野生植物智能管理系统实时监控珍稀树种。（程兆／摄）

植被丰富的安徽省旌德县马家溪国家森林公园。（程兆/摄）

安徽省歙县武阳乡新安江水域风光如画。（郑宏/摄）

三、绘就"三农"新风景

◀ 在安徽省宁国市方塘乡著名的"江南天路"皖南川藏线中段，有着两千余亩茂密的红杉林。每年秋冬之交，由浅入深的红叶，层层叠叠，令人如痴如醉。

（李晓红／摄）

◀ 从2017年11月开始，安徽省合肥市包河区试点推行"智慧河长"项目，依托"大综管"平台，通过"线上"与"线下"相结合的管理监督，推进水环境治理网格化和信息化建设。图为综合执法人员运用无人机空中巡河。（程兆／摄）

景色绮丽的安徽省马鞍山市薛家洼长江岸线。（李博／摄）

四十多年来的农村改革，历史一次次选择安徽。

四十多年来，安徽农村改革一直走在全国前列，取得丰硕成果，为全国贡献智慧。在这一进程中，安徽省始终把尊重农民意愿、保护农民权益作为重要原则，保障农民群众对改革的知情权、参与权、决策权和监督权，找到了改革的最大公约数。改革中始终坚守政策底线，确保不能把农村土地集体所有制改垮了，不能把耕地改少了，不能把粮食生产能力改弱了，不能把农民利益损害了，始终做到改革步子稳、方向准。胸怀乡村全面振兴的美好明天，安徽必将在永不停步的改革开放中续写新的篇章。

庐江县罗河镇的青山水库实行河长制管理，湖区生态良性循环，沿湖树木挺拔葱绿，一湖碧水四季常清。（左学长／摄）

（三）18个"一号文件"惠及"三农"

以历史的视角回望，无疑会得到这样的结论：党的"三农"政策与"三农"发展同频共振。政策越对路，含金量越高，农业农村发展就越迅速。这些持续加码的强农惠农政策，集中体现在以农业、农村和农民为主题的中央一号文件，特别是从2004年至2021年，中央连续十八年不间断发布一号文件，对农村改革和农业发展作出具体部署。对这18个中央一号文件，安徽均以省委一号文件的形式出台贯彻落实意见，推动政策落地。

1. 中央一号文件在安徽省的贯彻落实

2004年，中央一号文件关注点是农民增收。这一年，省委一号文件贯彻中央部署，结合安徽实际提出了促进农民增收的实施意见。2005年，围绕提高农业综合生产能力，省委一号文件部署了11项加大"三农"支持力度、提高农业综合生产能力的措施。2006年开始，新农村建设成为热点。

2012年，党的十八大隆重召开。会议报告中特别强调"解决好农业农村农民问题是全党工作重中之重"。此后党的强农惠农政策日益完善，含金量越来越高，农业农村发展进入历史最好时期。

2013年的省委一号文件，把美好乡村建设作为"三农"工作的总抓手，深化改革，推动城乡发展一体化。2018年省委一号文件主题是贯彻党的十九大作出实施乡村振兴战略的重大决策。2019年又贯彻中央精神，落实优先发展的总方针，对标到2020年全面建成小康社会目标，这一年的省委一号文件把打赢脱贫攻坚战放在了首位。2020年的一号文件吹响全面小康的总攻号角，围绕打赢脱贫攻坚战和补上全面小康"三农"领域突出短板两大任务进行部署。2021年，"三农"工作重心从脱贫攻坚向全面推进乡村振兴历史性转移，一号文件把实现巩固拓展脱贫攻坚成果同乡村振兴有效衔接作为全年乃至整个"十四五"时期农村工作最重要的任务。

新世纪以来的18个省委一号文件，紧跟农业农村发展脚步，既切合发展阶段，又体现引领性，既有一脉相承的主题和重点，也有跟随时代变化的创新演进。十八年来，省委一号文件里的"农民"，从身份变为职业；农业从弯腰种地到体系、科技、装备支撑下的融合发展；农村从落后的代名词，成为越来越多人羡慕的美丽家园。

安徽省铜陵市郊区老洲镇段的国道347区域，道路两旁绿油油的麦田、金黄的油菜花层层叠叠，美不胜收。(陈磊/摄)

2. 一号文件落地后的明显成效

政策落地，农业农村越来越成为发展要素倾斜的对象。数据显示，2007年至2009年，安徽省强农惠农专项资金高达398.6亿元，初步建立了政府支持"三农"投入的稳定增长机制。2019年全年，安徽省累计发放财政惠农补贴资金357.08亿元，创历史新高；由此全省农民转移性人均收入达1112.75元。

"小康不小康，关键看老乡。"18个一号文件年年强调农民增收。增收的主渠道从挖掘粮食生产潜力，到推进产业融合，从加大转移支付力度到壮大新产业新业态，从支持转移就业、拓展农民就近就业创业空间，到深化"三变"改革提高财产性收入，增收渠道越来越广，动力也越来越强。

改革中一条主线是重塑城乡关系。18个一号文件里，城乡关系从"城市支持农村"到"统筹城乡发展"，再到加快形成城乡经济社会发展一体化新格局。2009年提出深化户籍制度改革，促进城镇化与新农村建设良性互动。这个十年间，城乡从过去割裂发展进入了一体发展新阶段。2012年首提"三化同步"，2016年提出推动新型城镇化与美丽乡村建设双轮驱动，让广大农民平等参与现代化进程。2019年提出农业农村优先发展的方针，建立健全城乡融合发展体制机制和政策体系。从城乡二元到融合发展，十八年弹指一挥间，天翻地覆。

再出发，强农惠农富农政策力度不能减。这是多年来农业改革发展的成功经验，也是乡村走向全面振兴的根本保障。

淮北市烈山区烈山镇青谷村的麦田里，农民在收获小麦。（李鑫/摄）

四

坚决打赢脱贫攻坚战

QUANMIAN

JIANCHENG

XIAOKANG

SHEHUI

全面建成小康社会

2020 年 8 月 20 日航拍的安徽省金寨县大湾村。习近平总书记于 2016 年 4 月亲临考察的小山村如今阔步迈上了绿水青山铺就的小康大道。（徐旻昊／摄）

（一）书写党和人民满意答卷

经过八年艰苦卓绝的持续奋斗、五年脱贫攻坚，安徽省圆满完成了向党中央、国务院签订的脱贫责任书目标任务，绝对贫困和区域性整体贫困问题彻底解决，交出了一份中央放心、人民满意、可载入安徽发展史册的优异答卷。

安徽省金寨县大湾村易地扶贫搬迁安置点的徽派民居错落有致地分布在山间，成为一道亮丽的风景线。（吴文兵／摄）

1. 牢记殷殷嘱托

2016 年，脱贫攻坚战的开局之年。当年 4 月 24 日，习近平总书记亲临大别山革命老区安徽省金寨县，在大湾村与乡亲们话家常、谈发展，共商脱贫攻坚大计。他叮嘱我们"咬定青山不放松，苦干巧干加实干，确保到 2020 年全面实现'人脱贫、村出列、县摘帽'"。

2020 年，脱贫攻坚收官之年。当年 8 月，习近平总书记再次亲临安徽考察，来到"千里淮河第一坝"王家坝和蒙洼行蓄洪区，查水情、上庄台，走进扶贫车间，慰问受灾群众，他强调"脱贫攻坚越到最后越要紧绷这根弦，越要落实精准要求"。

2006 年 9 月 6 日拍摄的安徽省金寨县大湾村。

（资料照片）

2020 年 4 月 16 日拍摄的安徽省金寨县大湾村。（吴文兵／摄）

◀　安徽省金寨县大湾村汪家老屋。

（资料照片）

　　牢记嘱托，不辱使命。几年来，安徽全省上下坚持把习近平总书记关于扶贫工作的重要论述作为打赢脱贫攻坚战的根本遵循，始终牢记习近平总书记考察安徽时的谆谆教诲和殷殷嘱托，把脱贫攻坚作为重大政治任务和最大民生工程，摆在全局工作的重中之重，全力以赴促脱贫，尽心尽力谋发展，江淮大地奋力书写脱贫攻坚的高质量答卷——484 万贫困人口全部脱贫，3000 个贫困村全部出列，31 个贫困县全部摘帽，大别山等革命老区、皖北地区和沿淮行蓄洪区区域性整体贫困问题彻底解决。

◄ 2018年10月17日，安徽省金寨县大湾村部分脱贫户在该村"十佳脱贫之星"陈泽申（左二）的老宅前展示自己的脱贫光荣证，重温习总书记在这里和村民共话脱贫大计的幸福时刻。（陈力／摄）

▲ 2020年12月3日，安徽省金寨县大湾村村民方临芳（左三）在村医袁玲（左一）的帮助下向5G远程医疗会诊的专家讲述病情。2019年，大湾村正式开通5G信号，并率先在全省开通5G远程医疗会诊功能，在安徽省内实现农村基层医疗机构与上级大医院远程联网，大湾村村民不出村就能获得远程医疗援助。（陈力／摄）

◀ 安徽省金寨县花石乡大湾村采茶体验师、脱贫户陈泽申向游客讲解茶叶知识。

（李博／摄）

▲ 如今，安徽省金寨县大湾村的民宿内灯火通明，许多游客选择留宿山村，体验山乡之夜。（吴文兵／摄）

▲ 安徽省金寨县花石乡大湾村一家民宿正在接待客人。（吴文兵／摄）

▲ 2021 年 8 月 11 日拍摄的安徽省阜南县王家坝闸。（李博／摄）

◀ 2021 年 6 月 29 日开馆的王家坝抗洪纪念馆。（李博／摄）

▶ 王家坝抗洪纪念馆主题雕塑反映广大干群与洪水搏斗的场景。

（李博／摄）

◀ 2020 年 8 月 19 日，在安徽省阜南县蒙洼蓄洪区曹集镇利民村西田坡庄台，85 岁的李冬梅老人说："习总书记就站在这里，和我们说话，他特别亲切！"

（李博／摄）

安徽省阜南县王家坝镇郑台孜庄台上处处洋溢着年味。（李博／摄）

123

2. 贫困群众发展能力全面增强

　　党的十八大以来，安徽省千方百计增加贫困群众收入，贫困群众发展能力全面增强，整体收入水平大幅提高。贫困地区农村居民人均可支配收入由2013年年底的6787.5元增至2020年的13485元，增长1倍，建档立卡贫困人口人均纯收入由2013年年底的2132元增至2020年的11658.53元，增长4.47倍，乡亲们的腰包越来越鼓了。

　　在贫困群众的家庭收入结构中，工资性收入和生产经营性收入占比稳步上升，转移性收入占比逐年下降，这表明通过积极参与产业发展和务工就业，广大贫困群众自主脱贫能力稳步提高。数据显示，全省外出务工贫困劳动力占比由2014年的18.3%上升到2020年的41.17%，贫困劳动力务工就业收入由2013年人均每月717.5元、占比33.7%上升至2020年的人均每月2004.15元、占比61.65%。

▲ 2021年1月5日，安徽省马鞍山市经开区示范园区太仓村68岁的村民胡香桂（右一）和75岁的村民王秀武（右二），领到了分红的钱。

　　2012年，该村实行了农村集体资产股份制改革，新办了"一园、二社、三公司"。"一园"就是农民创业园，"二社"就是农业合作社和蔬菜专业合作社，"三公司"就是园林公司、劳动服务公司和物业公司。九年来，村办集体产业越办越红火，村民分红总额超过2396万元，实现"人人有股份，年年能分红"。（李博／摄）

3. 区域性整体贫困问题彻底解决

在大别山革命老区，在皖北地区，在沿淮行蓄洪区，昔日的"贫中之贫"发生了翻天覆地的变化，区域性整体贫困问题彻底解决，贫困地区综合实力全面提升，经济社会发展明显加快。贫困地区坚持以脱贫攻坚统揽经济社会发展全局，经济实力明显增强，产业结构更加优化，特色产业不断壮大，经济实力迈上新台阶。

放眼全省 3000 个脱贫村，村村有特色产业，村村有稳定集体经济收入，经济活力和发展后劲明显增强，脱贫的根基稳固牢靠。

2020 年 4 月开始，安徽省岳西县菖蒲镇试行在竹林下竹荪仿野生栽培技术，取得成功。这为菖蒲镇发展林下经济，提升该镇 6 万亩毛竹综合经济效益，促进竹农增收开辟了新路。（王先国／摄）

125

▲　航拍的安徽省岳西县莲云乡集体光伏电站。（范柏文／摄）

◄　农村淘宝安徽省岳西县黄尾村电商服务站内，村民正在下单。岳西县是第二批国家电商进农村示范县，村民不出村就能方便购物，还能将自家生产的农特产品销往全国各地。

（范柏文／摄）

（二）贫困地区面貌焕然一新

在各级党委政府的坚强领导和广大干部群众的不懈努力下，昔日贫困乡村，今朝蝶变重生，一幅绚丽的"百姓富、生活美"的安徽画卷正徐徐打开。

安徽省岳西县地处大别山腹地，道路崎岖、交通落后、群众生活水平低下、基础设施匮乏是岳西县曾经的真实写照。连绵起伏的大山挡住了村民的视线，也挡住了奔富的脚步。

1985年，岳西县被列为首批国家重点贫困县，当时全县总人口的七成属于绝对贫困人口。民不富心不安，从1989年开始，岳西县便成为历任省委书记的扶贫联系点。三十多年来，省委、省政府的高度重视，扶贫干部的呕心沥血和老区人民的艰苦奋斗，凝聚成一张张令人刮目相看的成绩单。

岳西县坚持走绿色减贫道路，以茶叶、蚕桑、蔬菜、林药、养殖、构树、旅游、劳务、电商、光伏"十大产业扶贫"为抓手，推进"四带一自"模式，实现村有当家产业、户有致富门路。基础设施建设、交通扶贫、水利扶贫、教育扶贫、金融扶贫等扶贫手段齐头并进，一场精准扶贫攻坚战激发出这个革命老区的勃勃生机：平整的马路、干净的乡村、成排的新房、现代化的农业大棚……岳西县迎来了前所未有的新时代。

2018年8月8日，岳西县迎来了一个重要时刻，经安徽省人民政府批准，岳西县退出贫困县序列，是安徽首个脱贫摘帽的国家级贫困县。

老鸭村旧景。（范柏文/摄）

曾经的禾丰路。（范柏文/摄）

老鸭村新貌。（范柏文/摄）

连接青天乡和来榜镇的禾丰路全程12公里，2018年5月通车后，大大缩短了老鸭村到县城的距离。（范柏文/摄）

▲ 岳西县毛尖山乡怡园种养专业合作社村民正在采摘水蜜桃。该合作社采取以土地入股、按劳取酬、参与分红的模式带动贫困户增收。(范柏文/摄)

▶ 岳西县青天乡老鸭村扶贫车间，村民们正在生产出口欧美的棉质拖鞋。(范柏文/摄)

◀ 游客在大别山彩虹瀑布景区游览。(范柏文/摄)

1. 农村路网整体水平显著提升

　　农村巨变看道路。近年来,我省农村路网整体水平显著提升,群众出行条件大大改善。一批资源路、旅游路、产业路通村入户,有效盘活贫困地区资源,带动群众走上致富路。"十三五"期间,全省新改建农村公路12.7万公里,31个贫困县占比58%,贫困地区率先在全省实现较大自然村通硬化路。县、乡、村三级农村物流网络体系建设加快推进,"城货下乡、山货进城、电商进村、快递入户"双向运输服务进一步打通,为决战决胜脱贫攻坚提供了有力的交通基础支撑。

安徽省池州市石台县横渡镇高山村公路。(范柏文/摄)

▲　安徽省庐江县泥河镇瓦洋河村，四通八达的乡村公路镶嵌在油菜花海中。近年来，庐江县大力实施农村路网建设。全县农村道路总里程超过 4000 公里，"人便于行，货畅其流"的"四好农村路"，成为老百姓的致富路和幸福路。

（王闽／摄）

◀　汽车穿行在安徽省砀山县的县道上。砀山县 155 个建制村畅通了等级公路，通畅率达 100%。"四好农村路"打开了当地农民脱贫致富的大门，每年砀山产出的数十亿斤水果通过这些"特色致富路"运往四面八方。

（范柏文／摄）

皖南川藏线东起安徽省宁国市青龙乡，西至泾县西阳乡，是宣城市重要的生态旅游环线，也是展示当地优美生态环境的名片。近年来，随着生态旅游的兴起，皖南川藏线已成为江浙沪等地自驾游的热点地区，宁国市方塘乡、泾县汀溪乡、蔡村镇等地抢抓机遇，大力发展乡村旅游。

（徐旻昊／摄）

2. 贫困地区基础设施全面改善

　　变化的不仅仅是道路，行走乡间，感受到的是沧海桑田的巨变。村村通硬化路通客车，村村通动力电，贫困村全部通宽带，贫困户危房全部改造一新，124.3 万农村贫困人口饮水安全问题全部解决，村村都有卫生室和村医，县域义务教育基本均衡目标提前三年实现……广大农村特别是贫困地区基础设施条件全面改善，基本公共服务水平以及农村环境卫生状况明显改善，乡村面貌焕然一新，长期困扰贫困地区群众的出行难、用电难、上学难、看病难、饮水难、通信难等老大难问题得到历史性解决，贫困群众获得感、幸福感、安全感大幅增强。

▲　2019 年 8 月 27 日，安徽省宿州市埇桥区朱仙庄镇六合新村卫生服务站里，医生正在为签约百姓检查身体。（程兆／摄）

　　2009 年起，安徽省在全国勇当医改"排头兵"。"十三五"期间，安徽省推进实施基层医疗卫生服务的"三个一工程"，即每个家庭有 1 名合格的签约医生、每个居民拥有 1 份动态管理的电子健康档案、每个居民拥有 1 张服务功能完善的健康卡。

◀ 2007 年 9 月 13 日，在安徽省寿县茶庵镇东圩村，刚刚开通的自来水让农家女孩兴奋不已。

（姚林／摄）

安徽省庐江县罗河镇张院自来水厂漂浮式泵房正在进行抽水作业。近年来，庐江县先后投入 12 亿元，实施城乡供水一体化工程。（王闽／摄）

2020 年 3 月 16 日，在安徽省涡阳县西阳镇郑庄村，电力工人在进行农网改造升级施工，提高电网在农村经济发展中的支撑能力，以满足当地群众脱贫致富用电需求。（娄延旭／摄）

134

3. 有效防范因病返贫致贫

　　患病是农村家庭致贫返贫的重要原因。为有效遏制因病致贫返贫，让群众患病"有医靠"，安徽把健康扶贫作为精准脱贫的重要抓手，健全完善"三保障一兜底一补充"综合医疗政策体系，密织医疗保障网。特别是创新实施"351""180"综合医保政策，大大减轻因病致贫家庭医疗负担，有效防范因病返贫致贫。

2016年12月9日，安徽省合肥市新民医院，来自临泉县的12名贫困脑瘫儿患者正在这里接受免费的康复治疗。（程兆／摄）

4. 保障贫困群众住房安全

　　为保障贫困群众住房安全，安徽省全面摸排鉴定贫困地区农户房屋，累计完成 34.1 万户贫困户危房改造，贫困人口居住条件得到全面改善；全面完成 8.5 万贫困人口易地扶贫搬迁任务，持续做好搬迁群众产业就业、公共服务等后续扶持工作，实现搬得出、稳得住、逐步能致富。

▼　安徽省临泉县艾亭镇桃花店村是 2015 年易地扶贫搬迁项目，房屋屋顶安装有光伏发电，村口建设有 1000 平方米的服装加工扶贫车间。（程兆／摄）

▲ 2022年2月25日航拍的安徽省宿州市埇桥区顺河镇马场中心村。近年来，马场村党总支按照美丽乡村建设要求，把城镇建设性用地增减挂钩项目和乡村建设、现代农业发展、土地规模经营等有机融合，全村新增土地千余亩，土地流转超过80%，设施瓜菜产业成为农民增收的亮点，人居环境大幅度改善，村民获得感和幸福感提升，真正实现了产业兴旺、生态宜居、乡风文明、治理有效、生活富裕。马场村现成为省级A级旅游乡村。

（祝家刚／摄）

▲ 2021年8月18日拍摄的安徽省滁州市明光市桥头镇汉塘村淮河行蓄洪区移民安置点。（季晓佳／摄）

5. 确保义务教育阶段适龄儿童少年"有学上"

为确保义务教育"有学上"，安徽省坚持分类制定、全面多元化扶持与资助政策，认真落实建档立卡贫困家庭学生资助和"雨露计划"职业教育补助政策，实现贫困家庭经济困难学生资助全覆盖。2016 年以来，全省累计资助建档立卡家庭学生 512.4 万人次、60.8 亿元，"雨露计划"职业教育补助 46.3 万人次、9.47 亿元；重点高校定向招收贫困地区学生 3.7 万名，帮助贫困学子圆了重点大学梦。

▲ 2008 年 9 月 1 日，安徽省界首市砖集二小的留守儿童展示着自己新领到的教科书。从 2008 年春季入学开始，安徽省农村义务教育阶段中小学校不再收取教科书费，学生教科书由国家免费提供。

（陈巍／摄）

▲ 2016 年 12 月 7 日，安徽省天长市工业学校内，学生们在老师的指导下进行专业实训。天长市入围第三批国家级农村职业教育和成人教育示范县。（范柏文／摄）

◀ 2015年9月8日，在安徽省南陵县烟墩镇中心小学，美术老师通过在线课堂远程为两个教学点的学生授课。安徽省于2013—2015年在59个县（区）开展了两批在线课堂建设工作，利用信息化手段扩大优质教育资源覆盖面，大力推进村小、教学点在线课堂常态化教学，有效提升农村教育质量。

（吴文兵／摄）

在安徽省南陵县烟墩镇中心小学万兴教学点，学生们在美术老师远程指导下画画。（吴文兵／摄）

（三）安徽特色精准扶贫之路

　　安徽在打赢脱贫攻坚战中积极作为，秉承"敢闯敢试、敢为人先"的"大包干"精神，坚持"重精准、补短板、促攻坚"，在实践中不断探索创新，走出了一条具有安徽特色的精准扶贫之路。

　　▲　2015 年 9 月 9 日，安徽省天长市冶山镇青荷家庭农场主王新春在喜滋滋地收获莲蓬。2013 年，王新春返乡创业成立家庭农场种植水果莲，亩产莲蓬 6000 头左右，年均创收近 40 万元，同时还安置了近 20 名村民就业。（李博／摄）

1. 创新实施"四带一自"产业扶贫模式

产业扶贫是实现高质量脱贫的根本之策。精准脱贫实施以来，安徽始终坚持把产业扶贫作为高质量脱贫关键支撑，创新实施各类园区带动、龙头企业带动、农民合作社带动、能人大户（家庭农场）带动和贫困群众自我发展的"四带一自"产业扶贫模式，通过"育主体、强联结、促融合"，解决产业扶贫"谁来带、怎么带、带什么"问题，培育壮大特色主导产业，建立了紧密型利益联结机制，有力带动了贫困群众通过产业实现稳定增收。全省产业扶贫覆盖率逐年提升，产业规模不断壮大，有效带动了贫困群众脱贫增收。

◀ 安徽省亳州市谯城区魏岗镇巨亿牧业家庭农场的技术人员正在指导贫困户如何照料新出生的小羊。目前该农场已为 400 多户贫困群众代养 2000 余只能繁母羊。（程兆／摄）

▼ 安徽省亳州市济人药业流转谯城区十八里镇土地建设中药材种植基地，通过发放扶贫款和药材种苗帮扶当地贫困户。图为贫困户在技术员的指导下种植中药材鸡冠花。（程兆／摄）

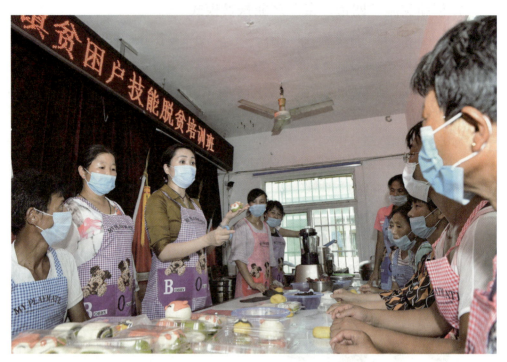

▲ 安徽省怀远县淝南镇贫困户技能脱贫培训班的老师正在教授学员制作面点。当地通过"人社局＋乡镇＋培训机构＋企业"四单式培训模式，确保贫困学员拥有一技之长。（程兆／摄）

◀ 安徽省怀远县陈集镇树莓收购站的工作人员正在为村民刚采摘的树莓进行过秤。2016 年，当地引进树莓产业扶贫项目，带动 11 个行政村贫困户种植树莓 1000 亩，户均增收达 8000 元。

（程兆／摄）

▲ 盛夏，怀远县徐圩乡现代农业示范区里，国家级农民合作社示范社——盛世兴农农机合作社的收割机正在收获早高粱。（程兆／摄）

▲ 安徽省蒙城县小辛集乡李大塘村精益诚蔬菜种植产业扶贫基地精加工车间，工人在分拣准备出口的西兰花。当地流转土地 4000 亩从事出口型蔬菜种植、加工、销售，实施参股分红和安排贫困户就近务工，人均年增收 1.1 万元。（程兆／摄）

▲ 2021 年 8 月 19 日，在安徽省歙县森村乡绍村村华琥家庭农场，村民凌雪萍与丈夫张华在猕猴桃园里直播带货"红心猕猴桃"。

（吴建平／摄）

▼ 蒙城县立仓镇乡村旅游扶贫项目——万亩莲藕基地。当地将"莲鱼共养、虾稻共作"的产业扶贫模式与乡村旅游结合，建立持久稳定的就业、分红收益分配机制，全镇已脱贫 1400 多户。原本当地地势低洼、水患不断，如今变为水利致富一方。（程兆／摄）

2. 创新实施"三业一岗"就业扶贫模式

一人就业，全家脱贫。增加就业是最有效、最直接的脱贫方式。安徽省坚持把就业扶贫作为贫困群众增收的主要渠道，将促进贫困劳动力务工就业作为重中之重，实施以发展生态友好型产业、劳动密集型产业、组织外出打工就业以及开发公益岗位"三业一岗"为主线的就业扶贫模式，坚持稳岗与拓岗并重，支持扶贫龙头企业带动就业，建立扶贫车间吸纳就业，开发扶贫公益岗位安置弱劳力半劳力就业，加强就业技能培训，千方百计帮助贫困群众"端稳饭碗"。

▲　2017 年 1 月 16 日，在安徽省潜山来料加工厂程湾加工点，技术好的村民教贫困户安装钥匙扣的技巧。2016 年，安徽省大别山区贫困乡村出现了为发达地区代加工产品的小车间，吸纳贫困劳动者就业。（徐旻昊／摄）

▲ 在安徽省界首市顾集镇扶贫就业创业园希捷仿真花卉公司扶贫车间，负责人张伟向前来务工的留守妇女传授制作技艺。

（吴文兵／摄）

◀ 2017年8月16日，在泗县瓦坊乡王集村扶贫车间，技术人员向村民讲解药物布鞋制作要领。泗县药物布鞋制作技艺是省级"非遗"，当地政府将"非遗传承"与"精准扶贫"相结合，组织制鞋企业在贫困村设立"扶贫车间"，提供制鞋原材料，让贫困户通过为企业加工手工布鞋的形式获得每双10余元的收入。

（吴文兵／摄）

▲ 2020年9月24日，寿县安徽八公山豆制品有限公司扶贫车间女工正在加工供应中秋节的豆制食品。（李博／摄）

▲ 在位于皖鄂边际的安徽省太湖县北中镇宝坪村家发养鸡扶贫车间，工人正在捡拾"氧吧土鸡蛋"准备外销。（李博／摄）

▲ 在安徽省庐江县石头镇渔网扶贫车间里，贫困村的留守妇女正在忙着扎网、捻网、摇网，实现家门口就近就业。（左学长／摄）

▼ 安徽省阜南县王家坝镇红亮箱包有限公司员工在加工销往非洲的箱包。（李博／摄）

3. 在全国率先实施光伏扶贫

安徽省作为光伏扶贫的发源地，在全国率先实施光伏扶贫，通过在建设模式、资金筹措、运行维护、收益分配、综合利用等环节一系列创新，光伏扶贫电站装机规模、受益人数均位居全国前列，成为贫困群众稳定增收的重要渠道。

全省光伏扶贫电站年可为脱贫地区实现光伏发电收入24亿元左右，在二十年国家补助期内可为脱贫地区增收400亿元以上。

在安徽省铜陵郊区陈瑶湖镇50兆瓦渔光互补光伏发电项目点，项目运维人员正在进行水上巡查。（潘伟／摄）

▲　2016 年 12 月 8 日拍摄的信义光伏寿县东大圩电站。该项目总投资 27 亿元，流转 8000 亩河滩地，电站装机容量 300 兆瓦，是安徽省连片最大、最集中的光伏电站。（李博／摄）

四、坚决打赢脱贫攻坚战

▲ 安徽省安庆市太湖县弥陀镇界岭村一名村民用手机查看自家屋顶光伏电板的发电量和收益情况。（郑贤列 / 摄）

◀ 2016 年 5 月 19 日，安徽省合肥市长丰县朱巷镇庞孤堆光伏电站正式通过验收，并入合肥电网运行。

（徐旻昊 / 摄）

▲ 2019 年 4 月 18 日航拍的金寨县花石乡大湾村的"村集中式"光伏扶贫电站。

（吴文兵 / 摄）

夕阳余晖中的安徽省巢湖市柘皋镇汪桥村光伏电站。（李博 / 摄）

4. 紧抓精准这个制胜法宝

　　精准扶贫、精准脱贫是打赢脱贫攻坚战的科学方法。安徽省牢牢抓住这个制胜法宝，勇于创新，学以致用，形成了具有安徽特色的攻坚体系，坚持把产业就业扶贫作为高质量脱贫的关键支撑，加大金融扶贫、生态扶贫、旅游扶贫、消费扶贫、电商扶贫等工作力度，不断拓宽贫困群众增收渠道，取得了脱贫攻坚伟大成就。

淮南市寿县张李乡油坊村

油坊村位于淮南市寿县张李乡最西南端，濒临淠河。乍一听名字还以为这是一个富得流油、油香四溢的村庄，实际却是国家级重点贫困县——寿县的重点贫困村，位置偏僻，资源匮乏，人多地少，全村3963人，人均耕地不足五分地，其中建档立卡贫困户276户667人。

2018年年底，全国劳动模范陈多田主动请缨兼任油坊村党总支书记，带领大伙脱贫致富。2019年3月，张李淠河湾劳模扶贫基地建设启动，现已建成蔬菜花卉产业示范园、瓜蒌种植基地、林下养鸡、饺子工厂、淠河湾度假村、农业公园等新业态，让张李淠河湾成为一方创业热土，处处迸发生机。除此之外，还投资300万元用于道路、水渠、绿化等基础设施建设。劳模扶贫基地的建设，使油坊村实现年村级集体经济收入60万元，能让300人不出村就业。

近年来，油坊村还紧紧抓住国家推进"电子商务进农村"的机遇，开启"电商＋扶贫"的精准扶贫路子。以前，当地大棚产的甜瓜基本上都是在县内批发零售，自从有了电子商务平台，每斤香瓜卖到了5元钱，多赚1元钱，利润翻番。

（李博 倪军 文/图）

▲ 淮南市瑞翊鑫隆蔬菜公司和寿县士银蔬菜种植合作社入驻油坊村蔬菜种植基地，种植西红柿、西兰花、甜瓜。油坊村打响"淠河湾甜瓜"品牌，把甜瓜产业建成带领贫困群众增收致富的产业。

▲ 油坊村村民通过电商直播销售土特产。

▲ 在油坊村花卉基地务工的农户忙着打包鲜花，及时发往合肥和上海市场。

▶ 年过八旬的油坊村村民聂士英老人告别了居住了六十多年的老屋，搬进了改造后的砖混房屋。

亳州市蒙城县立仓镇薛庙村

初秋的蒙城县立仓镇薛庙村，千亩荷塘阡陌相连，遍野荷叶绿意扑面，白的、粉的荷花点缀水中，美不胜收。游客沐浴在荷香里，采莲蓬，钓龙虾，玩得不亦乐乎；稍远的田块，勤劳的村民循着荷叶秆儿找到莲藕，熟练地用高压水枪助力将它们从泥中拔出，洗净装车；夜幕降临，牛羊归栏，鸡鸭回笼，"荷韵农家"霓虹闪烁，农家乐里食客喝着荷叶茶、吃着莲子、品着龙虾……茨淮新河旁这个昔日水患频发的小村庄，如今成了远近闻名的乡村旅游地。

薛庙村紧邻茨淮新河，是蒙城县较边远的村庄之一，与淮南市凤台县一河之隔。2014年，因水患连年歉收的薛庙村被列为贫困村。近年来，薛庙村立足村情，变水害为水利，打好生态牌，做活水文章，闯出了一条特色生态农业道路。如今，全村74.3%的土地被流转用于发展"虾稻共作""莲渔共养"种养模式，总面积7000余亩。贫困户以土地流转、务工收入、入股分红等形式实现大幅增收，同时还带动了300余户村民自主发展。2019年，薛庙村户均增收6200元以上，贫困户人均纯收入超过12000元，村集体经济也实现了从无到有、从有到多的飞跃，由2017年的21.65万元增长到2019年的65.86万元。

碧水鱼肥稻花香，品虾赏荷约起来，人居环境改善的薛庙村乡村旅游也发展得如火如荼，龙虾荷花休闲文化旅游节连续举办了四届。2018年，薛庙村被评为"安徽省优秀旅游示范村"，昔日贫困村吃上了"旅游饭"。

（吴文兵　文/图）

▲　游客在蒙城县立仓镇薛庙村千亩荷塘内游玩。

▶　蒙城县立仓镇薛庙村"荷韵人家"农家乐内，食客喝荷叶茶、吃莲子、品龙虾，享受当地特色美食。

▲　蒙城县立仓镇薛庙村"莲渔共养"基地，村民正在收获鲜藕。

▶　蒙城县立仓镇薛庙村，展宏水产养殖专业合作社负责人周德轩正在喂鹅。

阜阳市颍州区三合镇井孜村

2017年，南开大学毕业的马涛辞掉了教师工作，和爱人回到安徽老家——阜阳市颍州区三合镇井孜村，成立了万联农业科技有限公司，从事蔬菜种植。"这里离城区近，为了向土地和时间要效益，我们只种精品生菜和西兰花。"马涛说，凭借定位准确，他的公司如今已发展成占地300亩、拥有配套冷链仓储及分拣包装中心、年产值3000万元、惠及150多个贫困户的产业扶贫基地。

井孜村原是颍州区的贫困村，农民收入依靠传统种植业和外出打工。2017年以来，当地政府在脱贫攻坚和产业振兴中，重点发展种植养殖特色产业，让百姓在家门口安居乐业。39岁的刘桂红曾经因病致贫，如今在家门口的蛋鸡养殖场工作，并且独立负责一个车间的蛋鸡饲养生产，年收入达2万元。67岁的脱贫户张启金学习蔬菜种植技术后，独立承包3亩土地，用勤劳的双手种出"一片绿色"。

近年来，井孜村在脱贫奔小康的道路上，不断加大基础设施建设，乡村绿化、危房改造、文化广场、妇儿之家等项目让村容村貌发生了巨大变化，成为安徽省2019年第一批美丽乡村示范村。（程兆　文/图）

井孜村村貌。

时庄中心村村貌。

▲ 井孜村蛋鸡养殖场里，39 岁的脱贫户刘桂红独自负责一个车间的蛋鸡饲养，年收入 2 万元。

▲ 2020 年 8 月 26 日，阜阳市颍州区三合镇的一家家具厂，就近务工的当地村民在加工家具构件。

◀ 2020 年 8 月 26 日，阜阳市颍州区三合镇井孜村万联农业科技有限公司冷链仓库里，负责人马涛（右）和村民一起打包西兰花。

宿州市砀山县葛集镇高寨村

2020年8月26日一大早，砀山县葛集镇高寨村的电商扶贫驿站里，上百名零工在仓库前套网、称重、装箱、打码……村民在这里务工，每天包餐还能挣到100元至150元工钱。

高寨村地处黄河故道，得天独厚的地理优势让这里成为水果之乡。这里盛产梨子、黄桃、葡萄等，还衍生了梨膏、水果西米露等时兴副产品。近年来，越来越多村民加入电商相关产业，有的通过直播方式在果园里就能将产品"卖遍全国"。果林经济还带火了乡村旅游，果园美景和良好生态吸引了周边游客前来观光休闲。

果乡掀起创业潮，而入驻高寨村的扶贫车间让许多没有创业能力的农村妇女实现就业增收。高寨村高泰铝制品股份有限公司扶贫车间机声隆隆，女工正加班加点生产铝制油画颜料外壳。这里上班离家近，还可以照顾到家庭，每个月能有三四千元收入，对本村女性来说，这是个不错的选择。

"家门口有这么多就业岗位，只要勤劳肯干，一年就可以脱贫！"村民说。

（温沁　文/图）

砀山县高寨村的蟠龙湖，游客乘船游览。

▲ 高寨村梨园，来自砀山县优菜电子商务有限公司的杨柳在做直播。杨梦、杨柳兄弟俩大学毕业后回到家乡直播卖梨，他们优先售卖贫困户的梨，还雇用贫困户打零工。

▲ 在砀山电商大厦，主播直播带货龙润堂梨膏。

◀ 宿州市砀山县高寨村的农业合作社优先雇用贫困村民务工，一天包餐还可挣 100 元至 150 元。

黄大村

安庆市宿松县破凉镇黄大村

宿松县破凉镇黄大村地处大别山区，出行难、耕地少，发展困难。多年前，由于贫困，黄大村年轻人纷纷外出务工，留在家里的农户艰难维持生活。

2012年，黄大村几位村干部建起合作社，尝试发展白茶种植。此后，随着全村人的支持，加上整合扶贫资金，白茶种植规模逐渐扩大，目前已有茶园2400余亩，集体经济壮大，更带动了众乡亲脱贫致富。2016年，黄大村整村脱贫出列，贫困发生率从2014年的30%以上降到2019年年底的0.1%。

与此同时，经过几年的农村人居环境整治，村容村貌大为改观。乱糟糟的臭水当家塘变为清水池；许多农户家门口就是小广场，运动休闲有了去处；山沟沟里的贫困户家门口也通了水泥路……

2018年，黄大村获评为省级美丽乡村。现在的黄大村又在乡村旅游上发力。结合茶叶采摘、黄大水库等旅游资源的开发，黄大村正走出一条茶旅富民的小康之路。

（徐旻昊　文/图）

◀　孩子们在黄大村张摆村民组的运动器材上玩耍。

164

黄大小学门前的道路及周边农村人居环境整治前后对比。

黄大村张摆组当家塘周边环境整治前后对比。

黄大西寺坡生态农业专业合作社村民在管护茶园。

界首市邴集乡三和村彩叶树种植基地里，工人在养护管理苗木。

阜阳市界首市邴集乡三和村

盛夏，界首市邴集乡三和村彩叶树种植产业基地里，工人正忙着对树木进行修枝养护。"三和村地势平坦、水网丰富，特别适合发展苗木种植，我们流转大量土地，种植了金叶榆、紫荆、金叶杨、蓝冰柏等50多个品种640万株彩叶植物苗木。"基地负责人胡仲华介绍道。色彩斑斓的千亩彩叶林不仅让三和村产业转型，带动基地周边贫困户300余人就业，更吸引了源源不断的观光游客，为乡村旅游带来活力。

三和村毗邻省界，地理位置偏僻，因病因残成为当地致贫主要原因。2017年安徽林业职业技术学院派出扶贫工作队开展定点帮扶，并利用专业优势成立三和村林长制办公室，开展"护绿、增绿、管绿、用绿、活绿"工作。全村新建薄壳山核桃经果林基地532亩，带动贫困户在林下开展芍药、丹参等中药材无公害种植。脱贫户黄书见不仅跟着专家学会了种植山核桃，独立负责起核桃林的养护，还可以在家照顾生病的妻子。村民黄东友承包土地发展种桑养蚕和辣椒种植，年收入超过10万元，成了远近闻名的致富带头人。

随着"增绿增效"的持续推进。2019年12月，三和村被省农业农村厅授予"一村一品"林业特色村，被国家林业与草原局授予"国家森林乡村"。在奔向小康生活的道路上，三和村人因地制宜，将生态做成产业化，让乡村呈现出产业兴旺、生态宜居的好势头，老百姓的幸福生活在红花绿树中不断绽放。（程兆　文／图）

▶ 在界首市邴集乡三和村，安徽林业职业技术学院驻三和村第一书记凌化矾（右二）向村民传授薄皮山核桃种植技巧。

◀ 界首市邴集乡三和村村民黄东友和爱人收获林间套种的辣椒。

▼ 有着"国家森林乡村"称号的界首市邴集乡三和村，千亩彩叶林种植基地里五彩缤纷，带动基地周边贫困户300余人就业。

亳州市利辛县汝集镇朱集村

8月，利辛县汝集镇朱集村近3000亩黄蜀葵进入盛花期，黄花迎风摇曳。村民一大早就钻进地里采花，手起花落，不一会儿就装满一篮。"这花必须就着露水采，采迟了花就蔫了，要等到第二天新一茬花开才能采。"虽然这是村里首次种植的中药材作物，但村第一书记兼扶贫工作队队长刘双燕心里早就盘算好了，"从8月上旬到10月中下旬，长达两个半月的花期里每天都需要大量劳力采摘、烘干，加上种植管护和土地流转的费用，村民在家门口就能创收。"

2020年，朱集村引导企业采取"公司＋农户/贫困户"的种植模式，实施中药材黄蜀葵的种植收购及加工项目，示范带动农户发展黄蜀葵种植近3000亩，增加村民收入，稳定脱贫成果。

黄蜀葵种植只是朱集村发展产业、壮大集体经济的一个方面。2015年至2020年，该村建设3.9千瓦户用光伏电站35座和187.2千瓦村级光伏电站2座，建设强英鸭业养殖大棚2座，投资百万元建设了村扶贫园区、产业基地和特色种养业项目提升工程，村集体收入由2015年的空白增长至2019年的68.35万元，彻底摘掉了贫困村的帽子，还被评为省级美丽乡村示范点。目前，全村实现了自来水全覆盖，庄庄通硬化路，网络也覆盖村内辖下所有自然村。村内设有两所小学和一所幼儿园，能够满足适龄儿童教育。村卫生室达标，可以解决村民小病不出村、分级诊疗需求。

（吴文兵　文/图）

利辛县汝集镇朱集村村民正在晾晒黄蜀葵。

▲ 利辛县汝集镇朱集村第一书记兼扶贫工作队队长刘双燕（左三）在脱贫户家中了解他们脱贫情况，谋划巩固脱贫成果的方法。

▲ 朱集村的村级光伏扶贫电站。

▶ 在朱集村图书室，孩子们正在这里纳凉、阅读。

▲ 梓树村五庙组脱贫户储诚年喜摘猕猴桃。

安庆市岳西县头陀镇梓树村

岳西县头陀镇是偏远乡镇，距离镇区还有12公里山路的梓树村则是"偏中之偏"。

"村里2014年以前没有一寸水泥路，约2000人口分散在25个村民组，住得远的村民走到村委会都要大半天。"梓树村党支部第一书记、扶贫工作队队长沈义源坦言，交通落后是制约村里发展的最大瓶颈，要想尽快甩掉"穷帽"，必须边修路边发展。近年来，梓树村累计完成66公里通村通组道路新建改造，全村组级路硬化率达100%，基本实现户户通水泥路。2018年5月，梓树村至G35高速黄尾出口18公里便捷通道全面通车，实现了山村直通高速路的历史性跨越。

过去村民卖茶叶都得走上十几公里山路。如今路修好了，收茶叶的客商都把小货车开到了茶园边。除此之外，扶贫工作队还量身定制，帮助村民们发展适合的产业。村里留守妇女多，缺乏就业机会，2017年2月，岳西县第一家扶贫车间——安徽天有轻纺梓树扶贫车间在梓树村开工运行。现在每天800多双拖鞋出口海外。"我们农村妇女在家要照顾老小，现在扶贫车间开到家门口，一个月还能挣上近2000元的工资。"

开设扶贫车间、种植猕猴桃、架设光伏电板、发展乡村旅游……户户有增收项目、人人有脱贫门路。六年来，梓树村的产业扶贫项目硕果累累。如今，全村贫困户全部"清零"的同时，这个贫困山村也实现了多个发展项目"零"的突破。目前，梓树村年集体收入已突破50万元，村民年人均收入也达到1.2万元。看到变化的干部群众都由衷感叹：梓树村变了，楼房遍地起，道路修上岭，收入成倍增，产业处处兴。

（李博　洪放　文／图）

▲ 梓树村党群服务中心。

▲ 在安徽天有轻纺梓树扶贫车间，村民在加工鞋子。

乡村道路连接25个村民组，方便了约2000名村民出行。

宿州市埇桥区符离镇沈圩村

绿树红花、白墙黛瓦……行走在宿州市埇桥区符离镇沈圩村新修的水泥路上，你一定会被两边的庭院吸引，家家都有小花园、小果园和小菜园，一步一景。

脱贫户翟雪家院子拾掇得干干净净：一侧开出小菜园，种了各种时令蔬菜；另一侧用废旧物品装饰墙面，还用旧茶杯种上多肉植物，显得温馨而有情趣。

前些年，因丈夫病逝，她一人挑起家庭重担，生活艰难。在扶贫政策的帮助下，她家能拿到每月1000多元的低保金，女儿享受每年8000元的教育助学贷款；在扶贫干部的帮助下，她用土地和产业扶贫资金入股村里的苗木企业，每年分红7000多元；她还参与了村里的公益岗，当了一名护林员，每月工资600元。"2017年，俺家年收入就达到2.6万元了。有钱有时间了，就种种花、养养草。"翟雪笑着说。

在沈圩村，像翟雪这样脱贫之后美化家园的村民还有很多。后来，这个村开办了"博爱超市"，凡是在脱贫致富、环境整治、乡风文明等方面表现突出的村民，都可以获得积分奖励，激发了村民脱贫致富、美化村庄的内生动力。

近年来，沈圩村注重开发当地文化旅游资源，修缮了白居易故居东林草堂、淮海战役陈毅元帅纪念馆，改造了沈圩百年古井、清代民居沈家老宅、农耕文化馆等，每年迎来游客数万人次。农家乐办起来，农产品卖起来，不仅增加了贫困户就业机会，还壮大了村集体经济。"过去守着大好景色端穷碗，现在用活文旅资源奔小康。"沈圩村扶贫工作队队长李萍萍感叹。

（何雪峰　温沁　文/图）

▲　沈圩村村民翟雪（右）和女儿一起欣赏自家的小院。

　　在宿州市埇桥区沈圩村的扶贫工作室，农技站站长给村民和贫困户"传经送宝"。

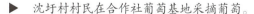

▲　沈圩村采取奖励积分制度，鼓励贫困户参与社会志愿活动、村容村貌建设等，一积分相当于一元钱，可到超市换购等价商品。

▶　沈圩村村民在合作社葡萄基地采摘葡萄。

太湖县小池镇红星村村民在村里的猕猴桃基地整枝。

安庆市太湖县小池镇红星村

印扶贫记

安庆市太湖县小池镇红星村地处大别山区，平均海拔 600 米以上，山清水秀，环境优美，而耕地只有1200 亩。2014 年，全村 300 多户村民中有 100 多户是贫困户，贫困发生率高达 39.08%，村里没有任何集体经济。

省委组织部的扶贫工作队一来到红星村，面对的就是这样美丽却又深度贫困的现状。于是，工作队一方面加强党组织建设，一方面调研适合红星村发展的特色产业。很快，工作队就与龙头企业建立联系，实行"村社一体＋龙头企业＋合作社＋贫困户"的发展模式，引导农户流转土地成立红心猕猴桃种植基地，村集体入股，贫困户参与合作社分红。如今，红星村猕猴桃种植面积达 630 亩，还因地制宜发展苗木花卉、高山蔬菜、乡村民宿等产业，俨然是个"高山果园"。2019 年，红星村贫困人口全部脱贫，村集体收入也超过 22 万元。

现在的红星村生机盎然，村民干劲倍增，文旅产业蓬勃发展。办"桃源里民宿"、建设叶春善京剧文化陈列馆、保护明代史可法剿匪古战场等，山村的美丽资源和文化积淀正成为"摇钱树""聚宝盆"，使久居深山的红星村成为耀眼的明星村。

（徐旻昊　文/图）

▲ 红星村党总支第一书记、扶贫工作队队长方志金在村史馆向来客介绍村情。

▲ 建设中的叶春善京剧文化陈列馆。

▲ 红星村村民陈红在民宿做厨师，每月有3000元收入。

脱贫摘帽不是终点，而是新生活、新奋斗的起点。从"脱贫攻坚"到"乡村振兴"，"三农"工作重心迎来历史性转移。站在新的历史起点上，我们有了新目标、新任务，但初心不变、斗志不减。安徽将继续发扬脱贫攻坚伟大精神，开足马力，驶向又一个春天。

走向我们的小康生活

安徽省芜湖市繁昌区孙村镇中分村，村庄、田野、山峦和晨雾构成生态田园画卷。（肖本祥/摄）

177

走进乡村看小康

▲　2021 年 6 月 17 日，在宣城市旌德县东山村，村民崔云（左）在自家小楼里直播带货。

淘客"村花"买卖旺

在宣城市旌德县东山村，崔云正在自家小楼里直播带货。"这个菊花是我们东山村自己种的，纯天然……"她对着手机镜头语言流利，推介着手中的菊花。

从 2010 年接触网购至今，她坚持义务帮周边村民在线下单，攒下了 4000 多分的淘宝淘气值，成功"打败"全国 99.9% 的用户。为此，2019 年崔云应邀参加了阿里巴巴集团香港上市的启动仪式，为阿里巴巴敲响上市钟声。在现场，崔云大方地说："我不仅帮乡亲们'买买买'，还想帮他们'卖卖卖'，让更多人知道我家乡的特产。"

回到村里，在县农水局的支持下，崔云扒掉自家猪圈，盖起了二层小楼，一楼大厅的左侧是帮村民下单的物品，右侧是帮村民在线上销售的农产品，二楼则是直播间。

东山村里盛产的菊花、葛根、芦笋都是好东西，崔云走进田间地头给网友直播这些农货。为了更直观地让网友看到芦笋的生长环境，她在超过 50℃ 的大棚里挥汗如雨；为了帮助果农销售桃子，她顶着炎炎烈日在桃园里一站就是一整天……2020 年，崔云参加了宣城市创业大赛和旌德县直播大赛，都取得了好成绩，知名度越来越高。

"过去村民叫我'村花'，是因为我帮他们花钱。现在他们还叫我'村花'，是因为我和村民一起花心思振兴乡村。"崔云于 2019 年获得"宣城好人"荣誉称号。（温沁　文/图）

崔云在闷热的大棚里直播卖芦笋。

▲ 崔云（左一）和团队工作人员在干笋厂里挑选产品。

◀ 崔云扒掉自家猪圈，盖起了专门从事电商的二层小楼。

 # 山村"触电"喜揽金

2021年7月12日，在位于泾县丁家桥镇李园村的书梅瓜果蔬菜种植家庭农场，张书梅与老伴梅学礼在紧张地打包生鲜产品。"每天净利润一两万元呢。"张书梅不无骄傲地说。自从2011年儿子梅明达返乡做电商以来，这个家就天天围绕着电商、种养、发货转，新的厂房也在镇上建设。离农场不远处的三星纸业有限公司，26岁的电商运营负责人曹杨刚刚从合肥返回，他将公司的电商运营部门放在了合肥，常常两地来回跑，留在村里的仓储打包业务吸引了一些在外地打工的人回到家乡工作。

李园村原先是个以宣纸、书画纸为主要产业的村庄，随着互联网的普及和电子商务的迅猛发展，李园村村民们逐渐意识到靠以前"家有厂、外有店、背货跑"的传统营销方式已经跟不上时代发展的要求，少数年轻人开始关注电商平台，通过电商平台售卖产品，并带动全村经营电商。目前，李园村有990余户村民，其中宣纸、书画纸加工企业个体户100多户，200多户村民都通过各类电子商务平台进行产品售卖，年销售额5000多万元。2016年，泾县丁家桥镇李园村成为安徽省首个"淘宝村"；次年，该镇小岭村又入围"淘宝村"；2018年，丁家桥镇获评为安徽省电子商务服务业集聚区；2019年，丁家桥镇入选"淘宝镇"。截至2020年年底，丁家桥镇从事电子商务的经营户500余户，年发货量420多万单，全镇电子商务年销售收入约2亿元。

2021年4月，位于丁家桥镇的泾县宣纸大市场开业。该市场总建筑面积约4万平方米，涵盖宣纸文化旅游、艺术品交易交流、艺术家接待、电子商务集聚地、物流服务中心等多项功能，让村民们有了一个线上线下更多结合的基地。借助着电子商务，丁家桥镇步入了推进农村产业发展的快车道，乡村振兴展开了新画卷。

（徐旻昊　文/图）

▲　泾县丁家桥镇李园村崇星宣纸厂的员工在晒纸。

▲　一辆物流车驶出泾县丁家桥镇李园村。

▲　泾县丁家桥镇李园村的书梅瓜果蔬菜种植家庭农场里，张书梅（左）与老伴梅学礼在紧张地打包生鲜产品。

◀　在位于泾县丁家桥镇李园村的三星纸业有限公司，员工在仓库里打包电商包裹。

181

蜜桃丰收富农家

时值初伏，水蜜桃丰收上市。货车沿着便捷的乡村道路，把一筐筐饱满的响导水蜜桃送往早已经下过订单的城市生鲜超市，合肥市区和远在南京、苏州等地的市民，很快就能尝鲜解馋。

肥东县响导乡四季皆美。初春时节，桃花花海绵延在江淮分水岭。夏日，农民的汗水化作缀满枝头的金果。八年前，这里还是农民不愿意耕种的岗坡地，离家远、缺水，种粮食又收成差，人均年收入只有1万元左右。

2014年，响导乡带领当地村民换思路、谋发展，引种的桃树适应当地的土壤和气候，成活率高，产量高，采摘期比北方地区提前，品质口感更好，村民种植积极性高涨。如今，桃树种植面积已发展到12800余亩，包含油桃、水蜜桃、甜黄桃、蟠桃、白桃等五大类20多个品种。2021年响导乡

鲜桃亩产3000斤左右，总产量超2.5万吨，桃园总产值1.6亿元，农户土地流转年租金收入达600万元，农民在桃园务工年总收入达1600万元。

春天是花园，夏天是果园！肥东县响导乡农民种桃树、住桃园、卖桃果，迎来了甘甜的小康生活。（杨竹　文/图）

响导乡的村民在管理桃园。

响导乡桃园内，经销商在考察桃林后与种桃大户签订合作协议。

春天里，响导乡桃园内满树桃花盛放，响导学校的小学生们来此春游踏青、赏花玩乐。

金葡萄文旅公司工作人员党晓丽通过线上直播介绍大圩葡萄的种植情况。

走进乡村看小康

葡萄攀起幸福枝

盛夏，串串葡萄悬于翠绿枝蔓间，晶莹剔透，浓香扑鼻。"我们这里有巨峰系列、夏黑、醉金香、金手指、阳光玫瑰等二十多个品种。"金葡萄文旅公司工作人员党晓丽正通过线上直播介绍葡萄产品。在圩区深处，安徽朗坤农业有限公司技术人员在水肥一体智慧物联网控制室里操作着机器，水肥自动直达每棵葡萄树下；试验田里，葡萄果实和枝干上的传感器在实时采集信息，帮助农户及时发现问题……

自2003年举办第一届葡萄文化旅游节以来，经过十多年的发展，如今大圩葡萄已经成为当地农民的致富果。2020

年，当地葡萄种植面积已达11000亩，年产量3000万斤左右，线下社区设立葡萄临时销售点、市民上门采摘、线上直播带货、打造生鲜物流专线，葡萄也成为省城合肥的一张亮丽名片。

近年来，大圩镇创新推动农文旅等业态融合，当地利用磨滩村打造的合肥市首批市级乡村振兴项目——"圩美·磨滩"成为集文化体验、都市农业、乡村观光等活动于一体的旅游目的地。一幅"农业强、农村美、农民富"的乡村振兴新图景正在风景如画的大圩镇徐徐展开。（程兆　文/图）

▲ 合肥市包河区大圩镇的葡萄园里一派繁忙，工人们正在为即将上市的葡萄进行最后的果实打理。

▶ 安徽朗坤农业有限公司技术人员在水肥一体智慧物联网控制室里操作机器。

◀ 大圩镇倾力打造的合肥市首批市级乡村振兴项目——"圩美·磨滩"。

185

走进乡村看小康

珍珠养殖端起"聚宝盆"

▲ 颍上县古城镇大赵村珍珠养殖基地技术顾问赵国暖展示刚刚采收的珍珠。

"这颗珠子，经过加工做成吊坠，能卖500元！"2021年7月23日，在颍上县古城镇大赵村珍珠养殖基地，技术顾问张国暖从养殖网箱里随手捞起一个河蚌，熟练地剖开，取出一颗淡粉色的圆形珍珠，用随身携带的尺子一量，立刻喜形于色。

近年来，阜阳市颍上县古城镇大力发展特色产业，利用煤矿塌陷区发展万亩珍珠养殖的产业园项目，通过"政府＋龙头企业＋群众"的模式，促进当地经济发展。

4000亩的养殖区，碧波荡漾，水面上布满一排排河蚌养殖网箱。"我们的蚌都住在自己的'别墅'里，它所需的食物——藻类则通过营养土配比投喂。"珍珠养殖基地负责人詹洋凯介绍道，"这相当于人类的'宅家待产'，河蚌们什么都不用操心，只需要好好孕育肚子里的珍珠就行。"

河蚌养殖，水质很关键。基地科学打造生态立体循环系统，河蚌排泄物由鱼虾等生物消化处理，池底的固体沉淀物定期清理，确保水质清洁。

在村里的珍珠加工厂，每个操作台都忙个不停，工人正在给珍珠打眼。"我家离厂子二里路，每月收入4000多元，在这做事，挣钱带娃两不误。"在此务工的余联村村民沈洪芹说。厂里的工人全部来自周边农村，"家门口就业"帮他们实现增收。

2017年3月，珍珠养殖产业园落成，2020年销售收入达到3700万元。项目集养殖、加工、销售于一体，生产珍珠项链、珍珠饰品、珍珠粉、化妆品等相关产品，远销欧美等地区，带动当地群众近百人就业。

（李博 文/图）

在颍上县古城镇大赵村珍珠养殖基地，工作人员在采收珍珠蚌。

▲　加工厂里，工人给珍珠
打孔加工首饰。

◀　加工厂里，工人沈洪芹
在筛选珍珠。

现代农业种出"摇钱树"

在位于合肥市庐阳区三十岗乡崔岗村的安徽东华农业科技有限公司大棚里，在此务工的当地村民正在采摘农产品。盛夏时节，西瓜、番茄硕果累累，好一派丰收景象。

在种植基地的深处，智慧物联工作室控制着水肥，自动为每株植物输送养分。大棚里的温度、湿度、空气流通情况都能通过物联网一目了然，茁壮成长的蔬果把大棚装点得生机勃勃。"以前三十岗是合肥的'西伯利亚'，现在成了城市后花园，城里人喜欢到这里赏花、摘菜、尝果子，我们也都能在家门口打工了。"村民高兴地说道，他们在基地里帮忙采摘、打包，一天工资有100多元。仅东华公司就解决了崔岗村80人就业，目前三十岗像这样的企业有15家，带动300多名村民家门口就业。

目前，该乡蔬菜种植面积约1350亩，果林面积2700亩，特产西瓜1200亩，每年产量5300多吨，产品远销省内外，生态农业的蓬勃发展，大大促进了当地群众增收致富。

（温沁　文/图）

在种植基地务工的当地村民正在采摘水果黄瓜。

▲ 位于合肥市庐阳区三十岗乡崔岗村的东华科技园智能果蔬大棚。

► 蔬菜种植基地的智能浇灌设备。

鸟瞰安徽省池州市贵池区墩上街道罗城村。

"民歌之乡"新增魅力

"这里山清水秀，就是我们向往的生活，所以我们决定在罗城扎根了。"

2020年年底，22岁的周晶晶和26岁的王坤两位"90后"小姐妹来到池州市贵池区墩上街道罗城村，租下农家院，把它打造成为一个名叫"一见如故"新式餐饮小店，她俩平日拍些农家生活和美食的短视频，让这里成了小山村的"网红打卡地"。

罗城村靠近九华山，是安徽省非物质文化遗产"罗城民歌"的发源地，曾入选中国第一批传统古村落。但是大山限制了发展，罗城村很多村民外出打工，农田抛荒，文化衰落。近年来，当地的年轻人返乡实施田园乡村综合体验项目，流转土地约1500亩，进行高标准、智能化、机械化升级改造后，已建成千亩梨园、百亩橘园及150余亩观光花海基地，民歌之乡又成为远近闻名的生态农旅之乡，越来越多的游客来这里品美食、听民歌。2019年9月，罗城村入选安徽省首批美丽乡村示范村。

如今，村里基础设施越来越好，环境越来越美，来此创业的年轻人越来越多。下一步，罗城村将对村居环境和建筑布局进行规划，建设旅游观光环线，串起景点，打造全景式、全域化、全民性乡村旅游模式，进一步促进群众增收，实现"望得见山，看得见水，记得住乡愁，也能回得了家乡"的美好愿景。（徐旻昊　文/图）

▲ 在"一见如故"农家小院，周晶晶（右）和王坤制作美食。

▲ 在"一见如故"农家小院，周晶晶（右一）为游客送上水果沙拉。

◀ 在池州市贵池区墩上街道罗城村戏台，64岁的省级"非遗""罗城民歌"传承人姜梦玉（右）在向13岁的学生叶思萍传艺。

近年来，巢湖市槐林镇渔网企业的现代化设备不断上马，为村民提供了更多的就业机会。

走进乡村看小康

"渔网小镇"迸发活力

"只要一个电话，渔网企业便将半成品送过来交给我们代加工，按成品数量发放工资。"巢湖市槐林镇大汪村村民汪志伟说。

汪志伟因有残疾，成了建档立卡贫困户。病情好转后，在镇村帮扶下，他与妻子从事渔网加工，有了稳定收入，现在家庭年收入4万元，其中加工渔网收入就有近2万元。同样得益于渔网产业的还有兆河村村民向则英。向则英丈夫因病去世后，家庭负担很重。镇村让她参加了技能培训，帮她申请贷款发展渔网代加工，如今向则英家庭年收入超过10万元。

近年来，槐林镇积极探索"渔网＋基地＋扶贫"模式，通过建立村级渔网扶贫产业基地解决就业增收问题，先后投入扶贫资金3772.87万元，建成8个渔网扶贫产业基地、8个扶贫标准化厂房、4个产业园，产业到村覆盖率100%。全镇1159户2356名贫困人口全部脱贫。

2012年，槐林镇被中国渔船渔机渔具行业协会命名为"中国渔网第一镇"。近年来，该镇又获得了"合肥经济圈十大城市名片""徽姑娘手工编织示范基地""省渔网产业集群""省级电商示范镇"等多项称号，成功入围全省"经济实力百强镇"和"安徽省特色小镇"创建名单。目前，槐林镇有网机3056台、拉丝生产线123条、定型生产线120条，从业人员达3.5万人，镇内渔网企业共拥有品牌和专利300余项，成为全国最大的渔网制造基地和知名的渔网出口基地，产品远销欧洲、非洲、南美洲、东南亚等地区。小渔网干成了大产业。（李博　文/图）

▲ 巢湖市槐林镇乡村风光。

◀ 巢湖市槐林镇大汪村村民汪志伟（右）与妻子王芳英在加工渔网。

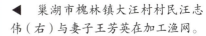

▶ 巢湖市槐林镇兆河村村民向则英在加工渔网。

悟农耕文化　享研学之乐

在庐江县罗河镇鲍店村小满田塍景区，前来观光的游客乘坐田园小火车欣赏荷塘景色。

农旅融合，山村变成风光带

"做梦都没想到自家成了景区。"8月17日，65岁的庐江县罗河镇鲍店村黄山寨村民黄志开高兴地对记者说。顺着整洁的水泥路一眼望去，五彩缤纷的苗木花草装扮其间，房前屋后，水车、石牛、陶罐、磨盘等组成的各式小景，古朴典雅。

据罗河镇鲍店村党支部书记汪海洋介绍，2017年之前，鲍店中心村环境脏乱差，如今家家户户都建了卫生间，生活污水全部进入管道，流到污水处理站。以黄山寨、张院水库为节点，打造了一条沿途有山有水的4公里风光带，游客可以畅享田园景色。由于业绩突出，2021年8月，汪海洋被省委组织部授予了"皖美村支书"荣誉称号。

在小满田塍景区柑橘类种植研发培育基地，58岁的脱贫户黄龙友忙着给缀满枝头的柑橘做"牵引"。黄龙友是鲍店村2014年建档立卡的贫困户，被村里安排在景区上班，当起了果蔬的"保育员"，月收入2700元。2016年，黄龙友脱贫。

目前，小满田塍景区柑橘类种植研发培育基地是庐江县最大的果蔬基地，总种植面积超过600亩，种植红美人、甘平、胡柚、黄金梨、哈密瓜、猕猴桃、樱桃、蓝莓和桑果等各类果蔬品种。这里还配套建设首家农特产品淘宝驿站、柑橘文化主题馆、青少年科普馆、乡村记忆馆、自然灾害体验馆、田园小火车和彩虹滑道，为游客提供亲子游乐，成为青少年校外体验农业实践的理想场所。

一个昔日不为人知的小村，实现了美丽蝶变，景区于2020年8月7日通过了国家AAA级景区景观质量专家评审。自2020年"五一"正式对外营业以来，共接待游客35.468万人次，实现各类旅游收入1200多万元，村民还参与开办民宿农家乐16家，家庭收入和生活水平实实在在地提高了。

（李博　文/图）

庐江县罗河镇鲍店村黄山寨村民黄志开在查看柑橘长势。

罗河镇鲍店村村民办起民宿和农家乐。

庐江县罗河镇鲍店村党支部书记汪海洋（右）向游客介绍景区。

195

"小"处着眼，念好农旅经

2015年，胡斌回到家乡合肥市蜀山区小庙镇，流转约330亩土地建起了草莓、西瓜、葡萄等水果大棚，办起了胡杨家庭农场。2021年，胡斌又种植了12亩火龙果，依托新桥大道便利的交通，他的观光采摘生意十分火爆。

小庙镇马岗村村民李泽珍做梦也想不到，自己会当上一间民宿的管家。马岗村是蜀山区第一个乡村振兴试验点，当地通过租用部分村镇闲置老宅，在保留原生态乡村风貌基础上，打造"小岭南"餐饮、民宿项目，成立庭院经济合作社，成功申请"庐州驿"商标，对"小岭南"周边参与购物、餐饮、民宿等发展的村民，提供免费房屋设计和产业指导。

近年来，小庙镇大力实施乡村振兴战略，结合辖区良好的自然生态环境，推进乡村公共基础设施建设，接续推进农村人居环境整治提升行动。通过盘活闲置房屋、土地等资源，完成房屋租赁55户共计1万平方米。目前，"小岭南"成为合肥知名网红打卡地，累计接待游客6万余人次，实现营业额700余万元。当地积极引导外出务工农民返乡发展特色种植家庭农场、生态园，并在政策、资金等方面予以扶持，通过"农业＋乡村旅游＋生态"模式，推动发展特色产业、带动村民就业、实现农民增收，走出一条农旅结合的乡村振兴道路，既美了农村环境，又鼓了农民钱包。（程兆 文/图）

小庙镇"小岭南"民宿管家李泽珍正在打扫村庄道路。

▲ 合肥市蜀山区小庙镇胡杨家庭农场里，负责人胡斌（右一）正在指导农户进行火龙果植株养护。

▶ 小庙镇将军社区群众体育广场，篮球场、乒乓球桌等各类健身设施一应俱全，满足群众多元化运动需求。

◀ 马岗村是合肥市蜀山区第一个乡村振兴试验点，当地通过租用部分村镇闲置老宅，在保留原生态乡村风貌基础上，打造"小岭南"餐饮、民宿项目，带动村民150余人就业。

泾县榔桥镇榔桥村一户村民正在加工油画笔。

榔桥有梦，画出好"钱景"

"在家门口制作油画笔，既能挣钱，还能照顾娃！"2021年8月25日，泾县榔桥镇榔桥村一油画笔企业的女工朱雯说，"按件拿钱，我月收入4000多元。"

雨过天晴，泾县榔桥镇榔桥村被晨雾环绕，村子里加工笔杆的机器声此起彼伏。泾县双联工艺品有限责任公司厂区，工作人员正在忙着往集装箱里装货。"这批油画笔正准备发往美国，总价有20万美元。"公司负责人高北辰说。他的公司曾连续三年被评为县级重点出口企业，直接带动200多名农民就业。2020年，实现产值5500万元。他本人被授予"宣城市农村致富带头人"称号。

泾县榔桥镇油画笔产业初创于20世纪80年代初，从家庭作坊逐步发展为公司规模化生产。2015年，榔桥镇被中国轻工业联合会、中国制笔协会授予"中国油画笔之乡"称号。油画笔现已成为该县支柱产业之一，目前全县油画笔成品、半成品加工企业共有100多户，产品发展到200多个规格品种，年产画笔6500万打（12支/打），是国内重要的油画笔加工出口基地和安徽省最大的油画笔加工出口基地。

在产业发展中，榔桥镇政府立足资源优势，把油画笔产业发展摆在重要位置，从政策、项目、科技、人才等方面大力支持，政府已累计奖励扶持资金1200万元，组织油画笔企业参加广州出口商品交易会、香港文具展、德国法兰克福文具展等各类会展活动，不断提升产品知名度和影响力。鼓励油画笔企业发展电子商务，拓展营销网络，目前全镇在淘宝、天猫等平台设立网店的共有45家。

2020年，榔桥镇油画笔产业总产值11.2亿元，出口创汇8000万美元，年销量占全国市场份额的50%以上；同时解决农村劳动力就业3000多人，并带动相关制管、包装等行业的发展，产生了较好的经济和社会效益。

（李博 文/图）

▲ 在泾县榔桥镇一家油画笔企业，工人在加工油画笔。

▲ 根据订单要求加工的油画笔，准备出口俄罗斯。

▲ 泾县双联工艺品有限责任公司的工作人员正在忙着往集装箱里装货。

艺术赋能 水乡升级

▲ 犁桥村别致的水乡韵味吸引了不少游客。

"天气好，去犁桥！"这是近两年铜陵市民常挂在嘴边的话。

犁桥村位于铜陵市义安区西联镇中部。来到这个不到2000人的小村落，你一定会被它旖旎多姿的水乡风情和厚重悠久的老街所沉醉。

早年的犁桥，因水出名又因水而困。近年来，犁桥村随着"村村通"公路完成，因地制宜发掘水面资源发展旅游业。"明塘文化艺术村"在犁桥村扎根，古典徽派园林漫园、百年古桥、人工河道等旅游景点，使犁桥村成为铜陵市及周边城市旅游休闲的好去处。

同时，犁桥村推动公共艺术融入乡村生活，连续举办"中国铜陵田原艺术季"活动，邀请艺术家、建筑师住村创作，壁画、墙绘、装置艺术随处可见，特色民宿、网红建筑、咖啡馆、迷你美术馆、荷塘图书馆、稻舞台、稻剧场等公共艺术空间遍布村庄。如今的犁桥，"网红打卡"效应明显，年均接待游客达10万人次。很多犁桥村民当起了民宿老板、旅游向导，年人均可支配收入已超3万元。犁桥村先后获得全国首批"美丽宜居村庄示范"、全国"美丽乡村"创建试点村、第四届和第五届全国"文明村镇"、"中国人居环境范例奖"、"中国森林乡村"和第二批"全国乡村旅游重点村"等荣誉。一个长江畔的水乡因艺术赋能，打开了乡村振兴的新局面。（杨竹　詹俊　文/图）

◀ 犁桥农民陈江水（右一），在自己的农家乐小院招待来客。陈江水年轻时到外地打工，几年前回到家乡，用积蓄打造了农家乐"明塘人家"，这是犁桥村第一个农家乐。

▲ 26岁的当地女孩汪素琴在犁桥核心景区的"湖畔咖啡"民宿酒店上班。"能在家门口做这样一份很优雅的工作，是最开心的。"汪素琴以前在上海工厂务工，现在她还学会了调咖啡、做电商、搞直播，跟着小镇一起"文艺"起来。

▼ 在铜陵市义安区西联镇犁桥村，传统风貌的村庄与河对岸新建的仿古街区相得益彰。

201

在蟠龙村安徽玉润禽蛋养殖基地，脱贫户王云芳已在这里养了八年鸭子。

在桐城市嬉子湖镇蟠龙村御龙现代农业园秋葵种植基地，种植户方文许在采摘秋葵。

嬉子湖镇蟠龙村党总支书记江胜霞（中）组织村民跳广场舞。

走进乡村看小康

实业兴村　收获幸福

"城里的饭店要200多斤秋葵，傍晚得送过去。"2021年9月5日，桐城市嬉子湖镇蟠龙村秋葵种植基地，种植户方文许忙个不停，"今年我还种了5亩秋葵，当年就能回本！"

走进桐城市嬉子湖镇蟠龙村，只见道路宽阔整洁，路旁绿树掩映，农家院错落有致，田园里瓜果缀枝。村东头鸭声阵阵，蟠龙村玉润禽蛋养殖基地的工人正忙着装车，15吨新鲜鸭蛋准备发往上海的批发市场和加工厂。该基地现有16个大棚，养殖了4万多只鸭子，主要以销售新鲜

鸭蛋为主,吸纳周边二十多个村民就近务工。65岁的脱贫户王云芳在这工作了八个年头。"我每个月工资3000多元,村里给老伴安排了一个道路养护工作,平时还能抽空打理自家田地,种些粮食和当季蔬菜,家里一年收入有5万多元。"他算了一下收入,脸上满是开心的笑。

蟠龙村曾是省级重点贫困村,为了实现兴村富民,蟠龙村精心谋划了"提升种植业、推广养殖业、做强水产业、发展旅游业"的工作思路,借助农村"三变"改革契机,成立了农村股份经济合作社,统一流转村内荒山、荒地、荒湖、荒滩、田地,村民入股分红。蟠龙村腾出600多亩土地,种植油茶、秋葵等经济作物和樱桃、桑葚、黄桃、猕猴桃等,并将其打造成集生态体验、休闲观光、四季采摘、绿色餐饮于一体的田园综合体,积极引资兴业,先后建成蟠龙湾生态旅游度假区、御龙现代农业生态园、锦蓝蓝莓生产基地、玉润禽蛋养殖基地等一批产业园区和基地,累计带动120余户农户就地务工,户均年增收1.5万余元。

蟠龙村"两委"带领党员干部为群众办实事。硬化绿化道路,添置路灯,方便村民出行;自来水入户、危旧房改造,实现村民"优其居";投放垃圾箱、配备保洁员、开展环境整治,解决"脏乱差";建设文化休闲广场,村干部带头教起广场舞,村民休闲健身有了好去处……一项项基础设施的建成,村庄面貌焕然一新。2020年,蟠龙村被评为省级美丽乡村重点示范村;2021年5月,蟠龙村党总支被评为安徽省脱贫攻坚先进集体。

如今的蟠龙村,人人有工作、户户有分红、季季有花香、天天有客来,村民的幸福感和获得感显著增强。

(李博 邱梦 文/图)

蟠龙村依托嬉子湖发展乡村旅游。

舞出新生活

2021 年 9 月 22 日，刚刚作为安徽省唯一代表队进入第十四届全运会广场龙舞决赛的定远县池河镇舞龙队，来到第八届中国农民歌会滁州市南谯区施集镇井楠村分会场表演。这支舞龙队共二十多名队员，平均年龄 54 岁，他们有的是种田的、有的是养羊的、有的是农机手、有的是手艺人……他们苦练多年，终于再现传统舞龙文化的魅力，赢得来之不易的荣誉。

▲ 舞龙队队长、池河镇红心沛村村民砀华刚是一名农机手。农闲时他在一家保洁公司当驾驶员。

▶ 李学兵（右四）和队员们一起为舞龙队取得第十四届全运会优异成绩点赞。

▶ 队员们在为参加第八届中国农民歌会做准备。

为了组建舞龙队，李学兵挨家挨户拉到了21名队员，分为男、女两组，还请来了龙舞传承人现场指导，苦练舞龙技艺。

从2011年起，舞龙队先后参加了中国农民歌会等多场演出和比赛。2019年，池河镇舞龙队获得安徽省第二届舞龙舞狮大赛一等奖和体育道德风尚奖，表演的传统龙舞"二龙戏珠"还被录入《中国影像方志》。

2021年6月，池河镇舞龙队接到参加安徽省社区广场舞选拔赛暨"我要上全运"活动的邀请，成为进入全运会广场龙舞农村乡镇组决赛的十支队伍之一。

"我们之前是传统舞龙，全运会要求竞技舞龙，而竞技舞龙对体力和技巧要求更高。这对第一次接触竞技舞龙的队员们来说是巨大挑战。"李学兵说。于是，队员们开始了为期半个多月的高强度训练。

由于强化集训，池河村村民、队员杨其勇家里的牛羊肉生意受到影响；队员徐家堂放弃了做瓦工的业务，每天少挣几百元；训练中，担任"龙珠"的陈桂枝摔得后脑勺鼓起大包也不在乎……

"大家心里只有一个目标，就是要在全运会上取得好成绩。"李学兵说。最终，池河镇舞龙队在2021年的全运会上以精彩的表演获得广场龙舞农村乡镇组"三等奖"和"最佳人气奖"。

（周连山 李晓村 王文 文/图）

205

岗上好风光

金秋时节，合肥市肥西县柿树岗乡怡果生态科技有限公司里，工人赵启山正和同事们一起采摘无花果。他家的土地通过流转后，他不仅种植了标准化的苗木花卉、无花果树，自己也能在家门口务工，每月可以增收 2000 多元。老赵表示，无花果亩产能达 1500 公斤，销售收入十分可观，合肥、六安、安庆及周边其他城市客户都会前来采购。

而位于柿树岗乡南部的省级美丽乡村示范点——周桥新村，悠闲惬意的田园风光令人向往。初秋时节，家家户户门口晾晒起芝麻，为过冬提前储蓄着能量。

近年来，柿树岗乡围绕乡村振兴发展，打造近 4 万亩的市级现代农业示范园，以无花果种植、蒿子粑粑制作、生态养殖为核心，推进农业现代化。防虎山、烟雨周桥、唐五房圩等景观成为乡村旅游热门打卡地。以现代农业为基，以田园山水为韵，当地正走出一条以乡村旅游为龙头，一、三产融合发展的新路子。

（程兆　文 / 图）

鸟瞰肥西县柿树岗乡周桥新村，水塘田野中点缀着农家院落，悠闲惬意的田园风光令人向往。

四、坚决打赢脱贫攻坚战

◀ 安徽省美丽乡村示范点——肥西县柿树岗乡周桥新村。

▶ 肥西县柿树岗乡怡果生态科技有限公司里，工人赵启山正和同事们一起采摘无花果。

▲ 游客正在参观柿树岗乡唐五房圩转心楼。唐五房圩是淮军名将唐殿魁、唐定奎两兄弟故居庄园，现存走马转心楼一幢32间，为安徽省文物保护单位。

"一村一品"助农增收

"春赏花，夏摘桃，一直摘到雪花飘……"金秋时节，来安县施官镇桃丰现代农业示范区，万亩桃园弥漫着香甜的味道，沉甸甸的冬桃挂满枝头。果农、游客、客商三五成群，交谈甚欢。这片桃园流转了附近9个村民组的4000亩土地，带动周边五十多名村民稳定就业。

施官镇大塘村脱贫户吴永彬带着村民打包发往山东的金森女贞树苗，一车的交易额在15000元左右。吴永彬小时候因意外失去一只手臂。在村里的扶持下，他发展苗木种植，一年稳定收入10多万元。

秋季，施官镇种粮大户朱广辉的100多亩茭白进入了采收期，放眼望去，连片的茭白随风起伏。每天产量约500公斤，包装后全部销往福建、浙江等地，供不应求，亩产值可达1万元。施官镇茭白种植800多亩，鲜甜的茭白已经成为该镇农业增效、农民增收的重点产业，为群众增收致富提供有力支撑。

近年来，施官镇立足农业乡镇的发展定位，按照"一村一品、一村一特色"的产业格局，以产业兴旺作为乡村振兴的重要支撑，围绕苗木产业、有机果品、农产品深加工、全域旅游等产业，在转型升级上谋出路，在绿色发展上下功夫，走出一条具有施官特色的乡村振兴之路。目前，全镇葡萄、蟠桃、山核桃、黄桃等特色水果和苗木总种植规模超过2万亩，四季瓜果飘香，果蔬苗木年产值达1.2亿元。（李博　文/图）

9月，来安县施官镇种粮大户朱广辉的100多亩茭白进入了采收期。村民正忙着收割、打包，田间地头一派忙碌景象。

▲ 在来安县施官镇脱贫户吴永彬的苗木基地，工人打包发往山东的树苗。

▲ 在来安县施官镇桃丰现代农业示范区，"金秋红蜜"喜获丰收，村民正在忙着采摘。

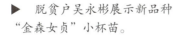

▶ 脱贫户吴永彬展示新品种"金森女贞"小杯苗。

"归雁领航" 反哺家乡

　　秋日，铜陵市义安区天门镇金塔村大片绿油油的中药材种植田里，农民在收获生姜、百合、赤芍等中药材。田里嵌着各式各样的娱乐设施，吸引游客前来观赏休闲、拍照留影，还能在农家乐品尝特色药膳。

　　以前的金塔村主要从事水稻等传统农作物种植，收益低，属于经济比较落后的村子。2010年前后，为了改变这一局面，金塔村围绕产业兴旺发展起"归雁经济"，推出各种优惠条件，吸引村里、镇里在外发展得比较成功的企业家返乡创业，以先富带后富，让家乡人的日子好起来。

　　2018年，安徽梦思康中药材有限公司董事长任绪平流转金塔村1300多亩土地，种植各种中药材，还依托中药材种植发展药材初加工、药膳美食和农家乐等产业，不仅带动周围农民就业，还使乡村环境越来越美丽。

　　十年来，更多的企业家回到金塔村，反哺家乡，为产业兴旺筑牢坚实基础。目前，全村99%的土地都已经流转，全村增设200多个就业岗位，2020年金塔村集体经济收入超过80万元。（温沁　文／图）

▲　安徽梦思康中药材有限公司流转的土地上，已种满生姜、百合、赤芍等十多种中药材，四季常绿、季季有花。这也正是"四季花海"景区名称的由来。

▲　铜陵市义安区天门镇金塔村农民在腌制新鲜采摘的生姜。

▶ 铜陵市义安区天门镇金塔村农民正在采摘百合。

▲ 游客在铜陵市金塔村四季花海景区拍照留影。

电商娘子军 "包" 打天下

可以放手机、充电宝、水壶、钥匙、钱包的时尚运动腰包，只要29.9元，这款腰包卖爆了，每天销出4000多个，它的设计、生产和销售就在金寨县的小山村里，一家名为望博辉电子商务有限公司的企业。

2016年，为了照顾年迈的父母，作为家中老大的徐春鹏从苏州回到老家金寨县吴家店镇西庄村。她在苏州和老公开了一家户外用品电商的代工企业。徐春鹏决定把工厂搬回有着很多留守妇女的家乡。这一搬，很成功，徐春鹏和爱人的工厂拥有了100余人的生产规模。2021年，工厂也由之前的民房租进了镇政府建设的大厂房。

徐春鹏有开网店的经验，直到2018年，想拥有更多自主权的夫妇俩才重启电商，并注册了品牌。家乡的物产丰富，徐春鹏想着再帮务农的乡亲们扩大销路，从2020年开始涉足食品电商和直播带货。村里没有专业的主播团队，徐春鹏便和爱人先去了武汉求学，再请专业讲师回村授课，直播间人气飙升。徐春鹏的企业日渐红火，也吸引了许多外出务工的妇女回家乡就业，有的当缝纫工，有的成了直播运营师。

近年来，金寨县大力支持农村电商发展，推动物流快递共享共配和快递进村，物流快递覆盖率100%。全县培育年网销额超百万的农村电商品牌10个，带动就业创业上万人。2020年，金寨县入选全国电子商务进农村综合示范县。（徐旻昊　文/图）

大别山中的望博辉电子商务有限公司。

▲ 徐春鹏背着自己工厂生产的户外背包，手里拿着金寨特产香薯干与炒板栗站在地头，这些都是她通过电商销售的产品。

▲ 曾经在上海打工的潘文凤在工厂做高车工，加工腰包。

▶ 武汉来的直播老师夏兴启为直播团队讲授直播课程。

走进乡村看小康

山乡走地鸡"播"向全国

▲ 主播在直播卖鸡。

"这个梨子给谁吃的？人吃，鸡也吃啊，所以说我们家的鸡是幸福的鸡……"2021年11月3日早晨，在庐江县冶父山镇乡公馆三山果园养殖示范基地，主播李利平从身后的果园摘了一个梨子，对着手机直播。每天早晨六点半，她都会在抖音平台上销售乡公馆的土鸡和土鸡蛋。李利平就是冶父山镇幸福村人，2007年外出打拼，2021年听说家乡发展电商，就回到庐江应聘成为电商公司"乡公馆"的一名主播。她的直播逐渐获得了成功，每天都能卖出2万元左右的土产商品。

"乡公馆"创立于2018年，是一家由几个返乡创业的年轻人开办的农业电商公司，至今已经带动2000人就业，2021年上半年销售额为1200万元。2021年，在传统电商之外，公司拓展了直播营销，目前有4名主播分时段直播，将庐江的土鸡、土鸡蛋传播得更广。

近年来，庐江县积极推动农村电商带动农村人口脱贫致富和推动乡村振兴发展，完善农村电商基础配套，积极引导电商经营主体特别是电商龙头企业与农业生产基地、农业合作社、家庭农场打成互利共融的供销协议，推进"电商企业＋农村产业基地（园）＋专业合作社（家庭农场）＋农户（困难户）"电商助农利益联结机制，2021年受益困难人口900多人，人均年收入5000元以上。

（徐旻昊 文/图）

▶ 2021年10月21日航拍的庐江县冶父山镇乡公馆三山果园养殖示范基地。

▲ 主播李利平（右）与搭档孙兵兵直播卖土鸡和土鸡蛋。

▲ 乡公馆合伙人开会讨论下一步发展。

◀ 员工搬运即将发货的鸡蛋。

携手乡邻　共创共富

　　"这一年，俺的养鸡棚从一个变成仨，年出栏肉鸡从1万多只变成4万多只。昨天俺那个鸡棚一下子卖出了7000多只鸡，收入3万多元哩！"

　　2021年12月7日，"大雪"节气，凤台县钱庙乡米吴村养鸡大棚里，苏军拎着小木桶一边给鸡上食儿，一边和记者拉呱，阳光透过大棚照在人身上，暖暖的。

　　苏军左眼残疾，妻子长期卧病在床，多年来全家六口人仅靠家中几亩田地艰难度日，2014年成为村里建档立卡贫困户。2015年，村驻点干部鼓励苏军学习新型养鸡技术，并帮他申请免息贷款，发展规模养殖。苏军的信心被点燃，一有时间，他就往鸡棚里钻。不到两年时间，养鸡规模从年出栏几百只发展到了上万只，效益很可观。

　　2016年，苏军成功脱贫出列，从一个贫困户成为村里小有名气的"鸡司令"。脱贫致富后的苏军没有忘记乡里乡亲，只要有人向他询问养殖信息，他都知无不言，服务上门。"俺现在也收了三个徒弟，一分钱学费都不收，他们现在有的发展得比我还好。"走在通往

▲　苏军在鸡舍里忙碌。

▶　苏军（右二）在向乡邻传授养鸡经验。

另一个大棚的田埂上，苏军自豪地说。

在另一个新落成投用的鸡棚里，苏军的徒弟刘全行正在忙着清理地上的杂物。刘全行曾常年在外务工，2020年春节回来看到苏军养鸡效益很不错，就跟着他搞养殖，目前已发展了两个养鸡棚，存栏数1万多只。"俺算是发展慢的，大师兄现在发展了七个大棚了。"刘全行说。

苏军平时在自家鸡场忙活，一有空闲就到徒弟的鸡棚里转转。"俺啥都不图，就想着他们也都能过得更好！现在村里别管谁想学，俺都乐意带。"苏军憨笑着说，"俺准备再增加两个鸡棚，县乡村振兴局和乡里正在帮俺协调土地流转的事，争取发展得再大一点。"（李博　徐艳友　文/图）

▲　凤台县钱庙乡米吴村养殖户苏军在鸡棚里查看鸡的长势。

苏军的养鸡大棚。

传承"非遗"　做活做优

"今年，我家养鸭和种地两项纯收入近20万元。"2021年12月8日，来安县雷官镇黄桥村宋桥组村民王国忠高兴地说。他家利用稻田养殖麻鸭1500只，养的鸭子肉质好，是当"雷官板鸭"的最佳原料，深受本镇板鸭加工户欢迎。年底前，他以每公斤32元价格出售了1300只麻鸭，毛收入11.7万元，扣除鸭苗等各种成本，养鸭纯收入近6万元。

来安县雷官镇素有"板鸭之乡"的美誉。"雷官板鸭"是国家地理标志产品，还被列入滁州市非物质文化遗产加以传承与保护。

近年来，为推动"雷官板鸭"加工产业转型升级，雷官镇先后新建多家板鸭加工企业，开发"雷官板鸭"深加工项目，建设板鸭风干车间、库房及辅助用房，购置新机械、新设备等，还增加经营种类，拓宽销售途径，实现一、二、三产业融合发展。目前，全镇有板鸭加工企业5家、加工作坊数十家。全镇已形成饲养、屠宰、加工、销售等上下游分工协作的全产业链，年产板鸭50多万只，销售额超5000万元，带动大批当地居民增收致富。

为规范和保护板鸭产业发展，雷官镇还成立板鸭产业协会，协会引入现代化、标准化生产管理体系，与高校及科研机构合作开发低盐板鸭生产制作技术，搭建"雷官板鸭"电子商务平台，在南京、滁州等地开设品牌店，拓宽销售渠道。

如今，"板鸭小镇"文化氛围日益浓厚，形象生动的板鸭模型遍布全镇主要街道及文化广场。此外，该镇还将板鸭元素融入文艺表演中，以弘扬和传承"雷官板鸭""非遗"文化；通过建立"雷官板鸭""非遗"文化展厅，讲述"雷官板鸭"百年传承故事，提升"雷官板鸭"品牌知名度和影响力。

（周连山　李晓村　文/图）

▲　学生们在来安县雷官镇"雷官板鸭"非物质文化展示馆参观。

▲ 工人在用传统工艺腌制板鸭。

▲ "雷官板鸭"公司职工
在查验板鸭晾晒情况。

来安县雷官镇黄桥村宋桥组村民王国忠在放养鸭子。

寿县张李乡油坊村村民徐福记在挑选种鹅。

鹅肥鱼鲜　致富路宽

徐福记通过直播带货销售特色农产品。

　　"这一年，100亩养殖水面扩大到了200亩，白鹅养殖规模由500多只扩大到了900多只。收入超过了40万元！"徐福记笑着对记者说。2021年12月9日，在寿县张李乡油坊村潭子湖，村民徐福记正忙着捕鱼，这一万斤鲜鱼准备销往合肥。

　　油坊村水资源丰富。2014年，徐福记尝试着搞水产养殖，但是由于技术落后，加上2016年一场洪水，所有的努力都打了水漂。在乡政府的扶持下，他又重新创业，水里养鱼，水面养鹅，立体养殖，鹅肥鱼鲜。乡里不仅对养鹅户有奖补政策，还依托电商企业对农产品保底价订单协议，让农民对卖鹅没有后顾之忧和价格风险。2018年徐福记成立了召梅白鹅养殖合作社，带动周边十几人在合作社务工。

　　如今，徐福记夫妻俩学会了在网上销售，通过抖音和微信，将白鹅卖到全国各地，品质得到消费者的一致好评，订单量越来越多。夫妻俩打算进一步扩大规模，增加产品的品种，不止卖咸鹅，还卖咸鱼、腊肉、萝卜干以及张李特色小花生等。他们满怀信心地推广家乡的特色、打造自己的品牌。

　　　　　　　　　　　　　　　　（李博　文/图）

徐福记饲养的白鹅还未出栏,已在网上被订购一空。

在寿县张李乡油坊村潭子湖,徐福记(右)忙着捕捞活鱼。

村民展示着刚刚采收的芥菜。

菜香手巧　市场看好

"哒哒哒……"伴随着清脆的切墩声，晶莹剔透的芥菜丝散发出独特的香味。2021年12月8日，位于临泉县滑集镇高寨村的李朝书芥菜厂里，工人们正熟练地将芥菜分拣、清洗、切丝。四十年前，村民李朝书靠着手切芥菜丝在当地小有名气，如今李合星、李单单兄弟俩从父亲手中接过接力棒，将芥菜生产规模进一步扩大。"芥菜是冬季农闲时成熟，乡亲们可以在俺们这里打工，不仅挣钱，还能学技术。"李合星笑着说道。在他的带领下，二十多名工人月均增收达4000元。

地处皖北平原的临泉，盛产一种长相不好看、外形似萝卜的蔬菜，名为芥菜，当地俗称"辣疙瘩""大头菜"，成为当地人餐桌的必备佳肴。"芥菜长得不规则，很难用机器加工，只能人工切丝。"谈到芥菜，李合星有聊不完的话题。为了应对市场需求，他还研究了多种混合口味、不同切花、不同重量的产品，并利用网络拓宽销售渠道，将产品卖往全国各地。

近年来，临泉县滑集镇着力发展芥菜产业，全镇拥有芥菜生产基地2200亩，规范化生产车间9660平方米，平均年产芥菜丝产品70万坛（约合1300吨），成为华东地区最大的芥菜丝加工生产基地。从自给自足到连片种植加工，从事芥菜产业人员600多人，年产值2000多万元，成功带动500多户群众致富。芥菜丝摇身一变成为当地百姓的"致富菜"。（程兆　文/图）

▲ 临泉县滑集镇高寨村的李朝书芥菜厂里，工人正熟练地将芥菜切丝。

▲ 机器正在搅拌混合不同口味的芥菜丝。

▶ 李朝书芥菜厂工人在包装芥菜产品。

223

科学养殖蟹满塘

2021 年 12 月 19 日，在安徽省首个"中国河蟹之乡"——当涂县大陇镇麻村，钱根宝迎着暖阳在自家蟹塘里起捕螃蟹。沉甸甸的地笼刚拉出水面，个大体肥的螃蟹在笼中张牙舞爪、横冲直撞。

钱根宝是大陇镇麻村的养殖大户。"我家养了 70 多亩成品螃蟹和 50 多亩蟹苗，还有青虾和鱼，都卖出了好价钱，仅养成品蟹一项我一年就净赚 100 多万元！"钱根宝说。二十多岁时，钱根宝就承包了村里的河沟水面养蟹。由于缺乏经验，加上蟹苗混杂，导致养的螃蟹规格小、品质低，卖不上价。后来他参加了县里、镇里的水产养殖专业培训班，水产专家、技术人员上门"把脉"，从塘口设计、苗种质量、水草布局、病害预防、饲料投喂、后期育肥等关键环节入手，全程采用"种草、投螺、稀放、配养"的"当涂模式"进行生态养殖，成蟹变大了，品质变好了。现在每到螃蟹收获季节，客商都会慕名专门到塘口来收购，不愁销路。

2010 年，钱根宝牵头成立当涂县海丰水产养殖专业合作社，吸纳了村里一百多户养殖户，养殖水面 3700 多亩。他毫无保留地将养殖技术和养殖经验传授给社员，统一水产苗种选购、统一养殖技术标准、统一病害预防、统一销售，还注册了"大陇口"商标，河蟹年年丰收。

"门前屋后一口塘，三年就能盖楼房"，养蟹业的发展已成为农民增收重要来源。

（李博 王文生 文/图）

钱根宝科学养殖，在百亩蟹塘安放了价值 30 多万元的管道增氧机。

钱根宝和妻子忙碌在养殖池塘边。

▼ 钱根宝（右二）请来大陇镇农业服务中心的水产专家（左二）给社员们上养殖课。

▲ 钱根宝和妻子在比谁打捞上来的螃蟹个头大。

225

▲　重达 50 多克的"红颜"草莓。

因地制宜草莓香

屋外寒风凛冽，棚内温暖如春，临近牛年岁末，临泉县黄岭镇的草莓种植户进入一年中最忙的季节，种植大户何建东、张建祥拿着广东采购商刚刚发来的订单，带着村民们一大早就钻进了连片的大棚里采摘草莓、分类打包。"家乡这两年政策好，离家近、成本低，关键老家的地很适合种草莓。"一直在南京学习草莓种植技术的张建祥和同乡何建东靠着勤学苦干的劲头回到家乡后，流转了 60 亩地，盖起了 38 个草莓大棚。张建祥算过账：家乡人工成本相对较低，外销的运输虽然成本增加了，但还是更划算，"我们的'红颜'草莓，个大汁多，亩产能达 3000 斤，加上今年市场行情好、销路不愁，净利润 50 万元应该没问题"。

近年来，临泉县加快乡村振兴、农业转身的步伐，改变了过去仅靠种植传统农作物的历史，转向新的领域和发展空间。得益于土地流转、带贫就业、一村一品配套基础设施建设等惠农政策落实，黄岭镇的草莓种植规模从 2019 年的 300 亩发展到如今的近 3000 亩。"现在有三十来个村民跟着俺们干，每人每年能增收 1 万多元，来年俺们打算再把棚扩大一倍。"何建东、张建祥笑着说道。像他们一样，在黄岭镇，近百个种植大户通过亲戚带亲戚、朋友带朋友的方式组团返乡创业，兴旺的草莓产业让越来越多百姓腰包鼓了起来，走上了致富奔小康的道路。（程兆　文／图）

▼　临泉县黄岭镇连片的草莓大棚。

▲ 临泉县黄岭镇的草莓质量上乘。

▲ 临泉县黄岭镇的草莓大棚里，村民对草莓进行分类包装。

▲ 临泉县黄岭镇的草莓大棚里，种植大户何建东（左一）向村民们讲解草莓植株养护事项。

陈陶胜（右一）在枞阳县特色农产品展示平台与工作人员探讨如何更好地展示当地名优特产。

走进乡村看小康

卖土货奔上小康路

2021年12月28日，在位于枞阳县枞阳镇展望村的安徽省蟹之都贸易有限公司枞阳土鸡供应链基地，一场"土味"十足的"土鸡直播"上线。"老铁们，刷起来！咱们枞阳的土鸡蛋营养丰富，价格实惠，老少皆宜……"策划这场直播带货的，是枞阳有名的农村电商、"85后"退伍军人陈陶胜。

尽管天气寒冷，但不断涌入的网友持续推高直播间的热度和收益度，半天观看人次就达到了10万。"农民网销的农产品，就像互联网时代的新赶集方式。现在直播一般每天可以销售1000多只土鸡，最高有5000多只，我的客户已经遍布全国各地了。"陈

陶胜心里美滋滋的。"2021年，我们线上线下累计农产品销售额超过1.7亿元，其中和脱贫户以及原先扶贫产业基地相关的占比超过了三分之一。"

早在2016年7月，陈陶胜就尝试通过电商销售"枞阳大闸蟹"。一路走到2021年，陈陶胜又成立了包括跑山鸡基地在内的6个直播基地，先后与57家当地农业龙头企业、扶贫基地、12个贫困村、20余户脱贫户签订长期合作协议，带领村民们走上小康之路，让枞阳当地特色农产品插上了"飞出去"的翅膀，成全了村民们对远方的向往。

（杨竹　王章志　文/图）

▲ 陈陶胜（左二）与铜陵市科技下乡工作人员交流农业生产与销售情况。

▶ 在陈陶胜打造的农村电商平台，工作人员正在与客户沟通。

◀ 在枞阳县枞阳镇展望村土鸡基地，农村主播小黑（左一）通过直播带货售卖当地土鸡。

229

编柳条织出好生活

"这几天，外国订单多得很，每天都要加班加点！"虽已是三九天，可在阜南县郜台乡刘店村"柳编小巷"内，村民们忙得热火朝天。随着手指翻飞，柳条在村民张传珍手里变换着各种形状，成为精美的工艺品。

42岁的张传珍，家里有两个上学的孩子，长子残疾，丈夫常年在外务工，2014年9月被村里列为贫困户。但她以不向命运屈服的意志，编织出了自己的精彩人生，现在，她靠柳编月收入1000元左右。2020年，脱贫户摘掉了"贫困户"的帽子。"在家门口打工，不耽误种地养牛，还不少赚钱！"张传珍笑着说，现在的日子是越来越有盼头了！

刘店村地处淮河蒙洼蓄洪库区末端，地理环境制约了当地的经济发展。刘店村的群众历来就有柳编工艺加工的传统，目前，该村已发展柳编企业13家，经过多年的发展，已从传统的柳编产业转型发展为涵盖柳编、藤编、草编、竹编、混编、铁艺、布艺的柳木文化产业，原材料从以前单一的杞柳发展

阜南县郜台乡刘店村"柳编小巷"的作坊内，村民张传珍（右）在加工编织工艺品。

◀ 一根根柳条在阜南县郜台乡刘店村农户手中变成柳编工艺品。

到柳、藤、草、竹、铁、树等二十多个品种。

目前，刘店村柳编产业从业人员1083人，占全村常住农户数的60%，柳编企业常年与农户保持合作关系。柳编企业在与国外客户签订订单后，安排各生产组长分配给农户编织加工，家家户户是作坊，每年人均增收超过1万元，柳编年产值超1.7亿元，产品远销三十多个国家和地区。2008年，刘店村被评为柳编加工省级专业示范村，2016年和2019年分别被评为阜阳市市级"一村一品"特色产业示范村，2021年被农业农村部确定为全国"一村一品"示范村镇。刘店村的村民们靠着灵巧的双手编织出了美好生活。（吕乃明　文/图）

▲ 阜南县郜台乡刘店村农户在作坊内整理柳编原材料。

◀ 阜南县郜台乡刘店村农户在编织工艺品。

231

2019 年 1 月 25 日，当涂县护河镇清潭村新时代文明实践站里人潮涌动，安徽省文联的艺术家将舞蹈、相声、戏曲、"非遗"等送给热情的乡亲们。

（吴文兵／摄）

五

在发展中保障和改善民生

QUANMIAN

JIANCHENG

XIAOKANG

SHEHUI

全面建成小康社会

始终把人民安居乐业、安危冷暖放在心上，用心用情用力解决群众关心的就业、教育、社保、医疗、住房、养老、食品安全、社会治安等实际问题，安徽省委、省政府一件一件抓落实，一年接着一年干，33 项民生工程循序渐进，滚动发展，各地各相关部门倾力把各项惠民工程办好办实，广大群众拥有更多获得感。

金寨县希望小学的学生们正在利用课间时间做手语操。（程兆／摄）

234

（一）幼有所育

每个孩子背后，都是一个家庭的殷殷期盼。"幼有所育"是衡量民生幸福感的重要指标之一。

随着城市净流入人口不断增加，以及二孩、三孩生育政策的逐步放开，"入园难"成为一个亟待解决的民生问题。对此，安徽省持续发力，2011 年以来，先后实施了三期学前教育三年行动计划，通过"新建一批、扩建一批、转换一批、补充一批"等多项政策，为学前教育发展打开了"新空间"。经过近十年的发展，全省普惠性幼儿园在园占比超过 80%，实现农村"一镇一园"目标；城镇小区配套园治理完成率达到 100%。

近年来，安徽省阜南县按照"大村设中心园分园或独立建园、小村联合办园、新建小区配建"的思路，结合乡村振兴和适龄儿童就学需求，精心布点乡村幼儿园，把优质公办幼儿园建在群众家门口，推进学前教育均衡化发展，基本满足"幼有所育"目标，解决农村幼儿"入园难、入园贵"的问题。图为幼儿在阜南县许堂乡中心幼儿园内做游戏。（吕乃明／摄）

▲ 安徽省全椒县实验幼儿园的老师在科技馆内给小朋友们上课。（禹强云／摄）

▶ 安徽省合肥市庐阳区三十岗乡中心幼儿园老师带着孩子们学习。该幼儿园是合肥市庐阳区首所"公建民营"的乡镇中心幼儿园。（姚明伟／摄）

（二）学有所教

新中国成立七十多年来，安徽省教育事业发生翻天覆地的变化，城乡九年义务教育全面普及，从根本上解决了适龄儿童少年"有学上"问题。党的十八大以来，安徽省着力提升农村学校和薄弱学校办学水平，全面推进义务教育向优质均衡发展，努力实现适龄儿童少年不仅"有学上"，更能"上好学"。

安徽省含山县姚庙中心学校小学生展示制作的微笑图案。（欧宗涛／摄）

　　1990 年 5 月，全国第一所希望小学在金寨县南溪镇建成投用，拉开了我省实施希望工程的序幕。如今的金寨县希望小学基础教育条件发生着巨变，教学硬件设备、音体美专用教室、午餐工程等方面大大弥补了贫困山区的教育短板。希望工程在大山深处种下的第一粒种子，如今已破土成长为枝繁叶茂的参天大树。

▲　1990 年 5 月 19 日，全国第一所希望小学——金寨县希望小学举行剪彩仪式。（资料照片）

◀　金寨县希望公益服务中心的工作人员周玉梅（左一）给孩子们讲解希望小学的校史。出生在金寨县花石乡的周玉梅是希望工程早期资助的贫困学生，如今她回到家乡，投身于希望工程事业中。（程兆／摄）

放学了，孩子们欢快地跑出教学楼。希望小学不仅实现了许多儿童的求学梦，也让他们因为知识而改变着未来。（程兆／摄）

▲ 标准化建设的足球场上，金寨县希望小学球队的孩子们正在训练。（程兆／摄）

▲ 科普小课堂的老师带着孩子们认识了解显微镜。（程兆／摄）

　　义务教育经费保障、学前教育促进工程、家庭经济困难学生资助、贫困地区义务教育学生营养改善、贫困地区义务教育小规模学校（教学点）智慧学校等项目纳入省政府民生工程，仅"十三五"期间，各级财政累计投入资金632.45亿元。

　　全面改善贫困地区义务教育薄弱学校基本办学条件，九年义务教育巩固率进步程度全国排名第八。推进高中阶段普及攻坚计划，省级示范高中达192所，实现县（市、区）全覆盖。

▲ 六安市裕安区狮子岗乡查婆店小学的英语老师进行远程实时授课。（吴文兵／摄）

　　在六安市裕安区狮子岗乡健康小学"在线课堂"教室里，学生与查婆店小学的英语老师在线互动。（吴文兵／摄）

2018 年 1 月 24 日，安徽省首批中小学智慧学校示范校——淮北市西园中学，教师正在应用现代信息技术授课。（于金龙／摄）

截至 2020 年年底，全省拥有各级各类学校近 2.2 万所，在校生近 1200 万人，专任教师近 70 万人，学前教育毛入园率、义务教育巩固率、高中阶段毛入学率、高等教育毛入学率等教育事业主要指标均已经达到或超过全国平均水平，总体进入全国中上、中部前列。

自 2018 年起，安徽省在全国率先探索智慧学校建设。2019 年年初，智慧学校建设被新纳入全省 33 项民生工程中。同年 4 月，安徽省发布《安徽省智慧学校建设总体规划 (2018—2022 年)》，智慧学校建设全面进入快车道。目前，全省农村学校已经实现"在线课堂"常态化教学应用全覆盖。作为劳务输出大省，安徽省留守儿童超过 70 万名，他们绝大部分生活在农村。农村中小学信息化工作取得突破性进展，不仅让农村孩子们享受到更多更优质的教育资源，也密切了留守儿童与父母的联系。

▲ 2018 年 6 月 22 日，在合肥市习友路小学 VR（虚拟现实）智慧课堂，学生们通过 VR 设备辅助学习科学课《地球表面的地形》。（吴文兵／摄）

▲ 在金寨县梅山镇小南京学校新建的学生食堂，学生们在干净整洁的环境中吃营养餐。2011年，安徽省在临泉县、金寨县、潜山县等集中连片特殊困难地区的12个县开始实施农村义务教育学生营养改善计划。

（吴文兵／摄）

▲ 安徽省利辛县马店孜镇中学1000余名学生围坐在整洁的桌子边食用营养餐。（范柏文／摄）

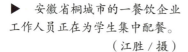

▶ 安徽省桐城市的一餐饮企业工作人员正在为学生集中配餐。

（江胜／摄）

（三）劳有所得

就业是民生之本。

近年来，安徽省统筹推进高校毕业生、农村劳动力等重点群体就业。实施高校毕业生就业创业促进计划，2016 年至 2020 年，全省累计组织 11 万人参加就业见习，高校毕业生总体就业率保持在 90% 以上；加强省内外劳务协作，"点对点"送农民工返岗复工；打造"接您回家"活动品牌，吸引更多劳动者就地就近就业，支持更多企业家回乡创业兴业；建立"1713"工作机制，通过完善 1 张实名制清单、畅通 7 条安置渠道、出台 13 项补贴政策，扎实推进退捕渔民安置保障工作。2020 年，安徽省组织开展"四进一促"稳就业活动，即"进校园、进企业、进园区、进社区（村），促进就业"，推动保居民就业任务落实。2016 年以来，全省累计筹集就业补助资金 150 亿元，完善社保补贴、岗位补贴等政策，每年惠及百万人次劳动者。

在黄山市体育馆内举行的"2012 春风行动"大型招聘会现场，前来求职的人群络绎不绝。（余勇／摄）

▲ 2013年1月18日，全国"春风行动"启动仪式暨首场企业用工招聘会在滁州举行，180家企业提供各类就业岗位近3万个。（计成军／摄）

▶ 2020年4月26日，在安徽省安庆市迎江区龙狮桥乡雨润社区，留守妇女参加技能培训，免费学厨艺。

（黄有安／摄）

▶ 2020年1月16日，在阜阳火车站广场上，走下火车的返乡农民工及家人有序排队乘坐"接您回家"免费大巴车。（王彪／摄）

▼ 2020年3月19日，为点对点定向精准输送返岗务工人员，安徽省阜阳机场携手春秋航空公司正式开通"阜阳—深圳"返岗复工专线航班。当日，142名旅客飞往深圳重返岗位。

（王彪／摄）

近年来，安徽省促进创业政策体系不断完善，全社会支持创业、参与创业的积极性显著提高，创业促进就业增收能力持续增强。"创业江淮"行动计划的实施，让创业带动就业倍增效应扩大释放。2016年至2020年，全省建立创业服务专家队伍，累计培训就业指导师524人，创业培训师850人；分类建设专业化的创业孵化基地，累计建成省级农民工返乡创业示范园145个；搭建安徽省创业服务云平台，累计通过云平台兑现电子创业券3035万余元；建设市、县、乡（镇）三级创业服务指导中心172个，更新完善创业项目8210个；升级创业担保贷款政策，健全面向中小企业的贷款担保体系，累计发放创业担保贷款382.9亿元。

"十三五"期间，全省城镇新增就业342.9万人，完成规划目标的114.3%，较"十二五"增加15万人，就业人员持续增长，有力地服务和支撑了全省经济持续健康稳步发展。就业结构逐步优化，2019年三产就业比例为30.7∶28.8∶40.5，第三产业吸纳就业能力持续提升。城镇居民收入增幅领先经济增长且增速高于全国平均水平。

▲ 安徽省颍上县南照镇十里村返乡创业青年李亭流转560多亩土地建设的蔬菜大棚，先后被评为省级蔬菜标准园、安徽省农民工优秀创业项目、阜阳市农业特色产业扶贫十大园区。（李博／摄）

▶ 2017年3月14日，在位于合肥市高新区的中国声谷人工智能产业孵化区，刚成立一年的咪鼠科技正在开会讨论新升级产品的市场推广，这是声谷双创人日常的状态，时刻保持着充满热情的"头脑风暴"。（杨竹／摄）

▲ 江雪霞在直播平台销售粽茶。

◀ 2020年6月17日，在安徽省黄山市祁门县古溪乡际源村，江雪霞前往河边清洗箬叶。2014年，江雪霞回乡创办了红茶合作社。2018年，江雪霞将传统红茶制作工艺推陈出新，原创红茶产品"粽茶"。（陈晨／摄）

（四）病有所医

　　人民健康是社会文明进步的基础，是民族昌盛和国家富强的重要标志。安徽省扎实推进健康安徽建设，持续深化医药卫生体制改革。全省优质高效的医疗卫生服务体系更加完善，人民群众健康水平明显提高。

　　新冠肺炎疫情防控取得重大战略成果。安徽省落实"四早""四集中"原则，贯彻"三防三查三加强""八严八控"等要求，统筹调集全省最优质医疗资源，迅速确定99家定点医院和4个重症救治基地，全力以赴救治患者；推出的"托珠单抗＋常规治疗"免疫治疗方案作为新冠肺炎重症、危重症治疗手段被列入国家诊疗方案；先后派出1362名医疗卫生人员驰援湖北武汉，累计救治3156名患者，先后6次向湖北捐献血液292万毫升。此外，安徽省还组派医疗专家组赴南苏丹、几内亚执行抗疫任务。

　　综合医改走在全国前列。探索创新县域医共体、编制周转池、乡镇卫生院"公益一类保障二类绩效管理"等多项改革经验，"天长模式"成为全国医改典型。建立125个紧密型县域医共体和35个紧密型城市医联体，重点人群家庭医生签约服务率达到65.5%。公立医院综合改革和改善医疗服务行动持续推进，患者满意度不断提高、就医获得感逐步增强。

▶　2020年3月18日上午，乘坐第一架包机抵达合肥新桥机场的安徽省支援湖北医疗队队员合影留念。（范柏文／摄）

▲ 2020年1月27日11时30分，安徽医科大学第一附属医院的5名医护人员准时集结，他们临危受命，驰援武汉。（温沁／摄）

▲ 2020年1月27日，合肥市滨湖医院，进入新型冠状病毒感染病区的护士们为战疫情加油打气。（程兆／摄）

▲　安徽医科大学第一附属医院医生通过远程医疗，协助金寨县医院医生会诊病历。（程兆／摄）

◀　安徽省天长市中医院县域远程心电会诊中心，医生联网读取病历。（程兆／摄）

▶　安徽省定远县总医院影像远程会诊中心，医生们正在阅片并生成影像诊断报告。（程兆／摄）

医疗卫生服务体系不断完善。安徽省医疗机构数、卫生技术人员数从 2015 年的 24853 家、28.1 万人，分别增加到 2019 年的 26436 家、36.1 万人。全省三甲医院实现 16 个市全覆盖。"15 分钟就医圈"基本形成，县域内就诊率超过 83%。推动建设中科院临床研究医院（安徽临床研究医院）、合肥离子医学中心等前瞻性项目，实施全民健康保障工程，社会办医稳步发展。

公共卫生服务均等化水平稳步提升。人均基本公共卫生服务经费补助标准从 2015 年的 40 元提高到 2020 年的 74 元，基本公共卫生服务项目增加至十二大类 45 项。建成国家级慢性病综合防控示范区 16 个、省级示范区 59 个，全省碘缺乏病县继续保持消除状态，免疫规划疫苗接种率保持在 90% 以上较高水平。全省 147 所中心卫生院达到二级综合医院水平，32 家社区卫生服务中心达到社区医院建设标准。

2020 年 4 月 15 日，俯瞰新建成的合肥离子医学中心。（徐旻昊/摄）

健康脱贫取得决定性成果。"十三五"期间新建、改扩建和修缮标准化村卫生室10855个，城市三级医院累计选派1649名医务人员对口帮扶31个贫困县县级医院，全面实现基本医疗有保障目标。构建"三保障一兜底一补充"综合医保政策体系，贫困大病患者"应治尽治"，住院医药费用个人自付比例控制在10%左右，73.91万建档立卡因病致贫返贫户成功脱贫。

中医药事业发展取得新进展。全省基本实现"县县都有中医院"以及中医药服务覆盖基层医疗卫生机构的目标。推动建设13个国家中医临床重点专科、20个国家中医药管理局重点学科和42个国家中医药管理局重点专科。亳州市形成全国最大的中药饮片产业集群，霍山大别山药库等4个单位被确定为首批国家中医药健康旅游示范基地建设单位。

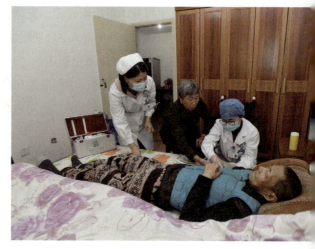

▲ 2020年10月27日，安徽省合肥市紫竹苑小区，社区卫生服务中心的家庭医生上门为行动不便的患者体检并指导康复治疗。（程兆／摄）

▲ 2020年11月4日，安徽省亳州市谯城区牛集镇卫生院组织党员医生，走进罗庄村签约贫困户谢超付家庭，开展家庭医生签约服务。

（武清海／摄）

▲ 2019 年 8 月 29 日，驻村医生张建明、徐晓婵夫妻俩在休宁县璜尖乡清溪村周家源村民组巡诊。（吴文兵／摄）

◀ 休宁县璜尖乡清溪村周家源村民组，驻村医生张建明、徐晓婵夫妻俩为村民体检。（吴文兵／摄）

► 2019 年 7 月，作为首批 50 名"百医驻村"医生，安徽中医药大学第二附属医院副主任中医师夏克春被派驻到休宁县陈霞乡泮路村。除了在村卫生室为村民看病，他还抽出时间到各村民组逐户进行家访巡诊以及家庭签约工作。（姚林／摄）

（五）老有所养

发挥好社会保障体系的托底作用，可以有效保障人民群众基本生存与生活需要。

党的十八大以来，安徽省全面建立统一的城乡居民基本养老、医疗保险制度，全面实施机关事业单位养老保险制度，着力构建覆盖全民、城乡统筹、权责清晰、保障适度、可持续的多层次社会保障体系。同时，深入实施全民参保计划，参保人数、覆盖范围持续扩大。截至 2020 年年底，全省职工基本养老、城乡居民养老、失业、工伤保险参保人数分别达到 1283.58 万人、3490.09 万人、564.24 万人、683.86 万人；全省基本医疗保险参保率达 99%。

社会保障服务能力也在持续提升。"十三五"期间，全省养老保险、城乡居民保险、社保卡等 38 项便民服务接入"皖事通"平台，116 项公共服务事项、19 项行政权力事项实现网上办理，社会保障权益单查询打印等公共服务事项实现"一网通办"，社保服务更加便捷。

"十三五"期间，安徽省社会保障待遇水平稳步提高，截至 2020 年年底，企退人员月人均基本养老金比 2015 年提高 30.1%。

▲ 安徽省合肥市长丰县义井镇居家养老服务中心采取"自费＋政府补贴"的形式，为 70 岁以上空巢、孤寡老人提供一日三餐，一天的就餐费用 15 元，老人自己给 8 元，政府和村委会补贴 7 元。（李博／摄）

▲ 2021 年 10 月 10 日，在安徽省马鞍山市江东颐养中心康复室，工作人员指导老人进行康复运动。

（徐旻昊／摄）

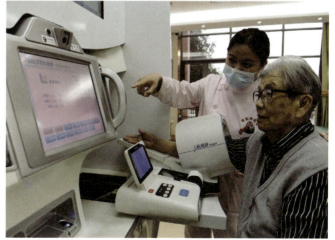

▶ 2021 年 10 月 8 日，在安徽省合肥瑶海静安养亲护养院，工作人员指导老人进行身体检测。

（徐旻昊／摄）

◀ 2021年9月27日，合肥市滨湖新区康园居家养老服务站，方兴社区卫生服务中心的家庭人员为老人检查身体、指导用药。（程兆／摄）

▶ 在安徽省利辛县汝集镇卫生院朱集敬老院，村医为老人检查身体。当地探索"医养结合"新模式，将乡镇敬老院移交至乡镇卫生院统一管理，让失能五保老人颐养天年。

（吴文兵／摄）

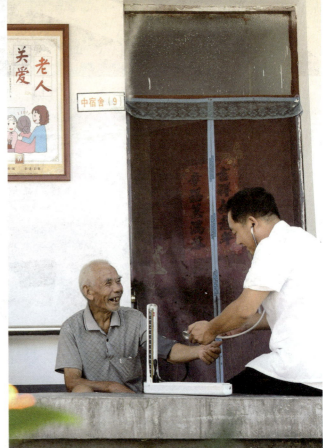

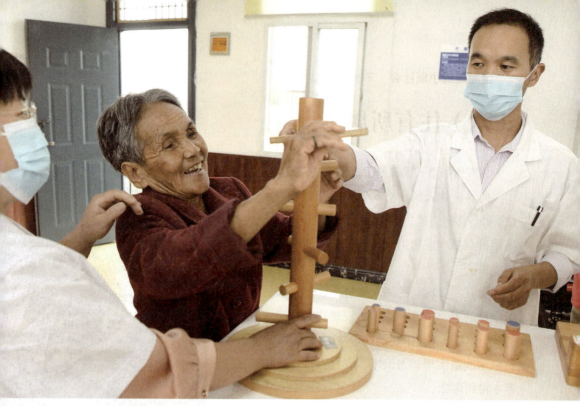

▲ 在安徽省六安市金安区三十铺镇的乐天养老护理院康复室，老人在护理人员帮助下进行康复训练。金安区试点对特殊失能、半失能困难老人集中供养，目前全区8所集中养护机构已入住474人，实现"养护一个人，脱贫一家人，解放一群人"的目标。（吴文兵／摄）

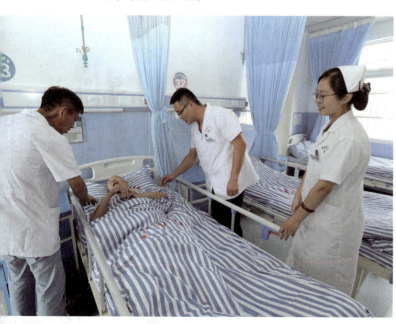

◀ 安徽省蒙城县双涧镇失能五保老人集中供养中心，医护人员向五保老人了解身体状况。（胡卫国／摄）

（六）住有所居

住有所居是人民美好生活的重要基石。

向着全体人民住有所居的目标，通过租、售、改、补等多种方式，安徽省不断加大住房保障力度，满足群众基本住房需求，保证人民群众共享改革发展成果。

随着脱贫攻坚的深入推进，数十万农村群众有了像样的家。2017 年以来，安徽省累计完成危房改造 47.37 万户，其中建档立卡贫困户 34.14 万户，农村危房改造实现动态清零，农村困难群众住房安全基本得到保障。

一间间矮房被拆除，一栋栋高楼拔地而起。"十三五"期间，安徽省棚户区改造累计开工 135.81 万套，超额完成城镇住房保障"十三五"规划确定的改造 105 万套棚户区目标任务。2021 年，全省棚户区改造新开工计划任务 14.92 万套，开工量位居全国第二，基本建成 12.63 万套。

房子不仅仅是容身之所，还被赋予了"家"的寓意。2008 年以来，安徽省累计建设公租房 94.68 万套，总量位居全国第四。实行实物配租和租赁补贴并举，使城镇住房困难家庭享受住房保障，城镇低保、低收入住房困难家庭基本实现应保尽保。

近年来，安徽省将城镇老旧小区改造列入省级重大民生工程项目，重点改造城市、县城（城关镇）建成年代较早、市政配套设施不完善、居民改造意愿强烈的住宅小区。2016—2020 年，全省已累计改造城镇老旧小区 3024 个，房屋建筑面积 9851.6 万平方米，惠及居民 110.79 万户，改造直接投资 109.4 亿元。

2017 年 10 月 29 日拍摄的濉溪县濉溪镇八里村程庄居民即将移住的河西棚户区安置房。（方好/摄）

安徽省芜湖市繁昌区峨山镇美丽乡村东岛村。

（肖本祥／摄）

▶ 2020 年 8 月 18 日，在合肥市瑶海区福海新居老旧小区整治现场，工人们在进行小区雨污水分流和地下排水管网施工。

（解琛／摄）

安徽省蒙城县乐土镇双龙社区，一排排农民新居成为乡村亮丽的风景。（胡卫国／摄）

▶　建于20世纪60年代的安徽省铜陵市老铜矿棚户区。老铜矿棚户区位于因资源枯竭而关闭的原铜官山铜矿附近，是近年来铜陵市棚户区改造的重点区域。（过仕宁／摄）

▲　2019年4月15日拍摄的安徽省铜陵市老铜矿棚户区改造一期项目建成的友好家园小区。项目建成后，有效改善了老矿山退休工人住房条件，提升了该区域居民的人居环境。（过仕宁／摄）

（七）弱有所扶

在改善民生、实现共同富裕的过程中，总有一部分群众由于种种原因依靠自身努力无法摆脱困境。各级党委和政府始终将他们的疾苦放在心上，听取他们的诉求，倾力解决他们的"急难愁盼"。

"十三五"期间，安徽省用于社会救助方面支出资金 620 多亿元，比"十二五"期间增长 40%。困难群众救助工作绩效评价连续六年位于全国优秀省份行列。

城乡低保标准大幅提升，农村低保制度与扶贫开发政策有效衔接，扎紧织牢脱贫攻坚兜底保障网。"十三五"期间，安徽省实现农村低保标准稳定高于国家扶贫标准，将符合条件的对象全部纳入救助范围，基本做到"应保尽保、应兜尽兜"。城市、农村低保标准均接近 640 元／月，较"十二五"末分别增长 41%、135%。

　　"一老一小"等各类特殊群体关爱服务保障更加有力。"十三五"期间，安徽省 30 多万老年人纳入特困供养范围，失能半失能特困人员集中供养率超过 50%。高龄津贴和低收入老年人养老服务补贴制度全面建立，分别惠及 168 万老年人和 59 万老年人。实际保障孤儿 6000 多人、事实无人抚养儿童 1.9 万人及其他困境儿童 21 万人，社会散居和集中供养孤儿每人每月基本生活保障标准分别不低于 1050 元和 1450 元。发放困难残疾人生活和重度残疾人护理补贴资金 49.5 亿元，惠及 382 万人。救助管理系统寻亲工作走在全国前列，平均每年成功帮助 3000 多人回归社会和家庭。

　　共建共治共享的社会治理效能不断显现。培育发展各级社会组织 3.4 万个、社会工作专业人才 7.9 万人，志愿者注册总量居全国第五，在社会救助、脱贫攻坚、疫情防控、防汛救灾等工作中发挥重要作用。

▼　2015 年 8 月 14 日，在安徽省亳州市谯城区薛阁办事处公共租赁住房摇号配租现场，市民正在抽取顺序号码。当日，谯城区 2015 年度公共租赁住房公开配租，1368 户家庭实现住有所居。这次配租过程中，老人、残疾人和退伍军人优先享受低楼层。

（张延林／摄）

◀ 2021 年 6 月，安徽省铜陵市慈善总会组织义工开展 2021"送轮椅慈善行"活动，将社会各界捐赠的 48 辆轮椅陆续送到残疾人家中，给残疾人送去社会各界关爱。（过仕宁／摄）

▲ 2020 年 9 月 23 日，在安徽省砀山县朱楼镇陈寨村电商扶贫车间里，陈寨村第一书记王夫北（中）带领车间里的残疾人学习网络直播，拓宽手工艺品销售渠道。 （姚林／摄）

▲ 2022 年 3 月 29 日，在安徽省阜阳市颍州区翔飞特殊教育学校内，老师和自闭症孩子一起做互助游戏。（王彪／摄）

◀ 2019 年 5 月 28 日，在蒙城县特教学校，志愿者用烛光为"星宝"送去祝福。（吴文兵／摄）

结　语

　　影像是最生动的表达，图片是最真实的记录。一张张照片见证了中国乡村改革发展的"惊雷"到"巨变"，是安徽决战脱贫攻坚、决胜全面小康的生动注解。

　　484 万贫困人口全部脱贫，3000 个贫困村全部出列，20 个国家级和 11 个省级贫困县全部摘帽，大别山等革命老区、皖北地区和沿淮行蓄洪区区域性整体贫困问题彻底解决，贫困群众"两不愁三保障"全部实现……2020 年，安徽圆满完成了脱贫攻坚目标任务，绝对贫困和区域性整体贫困问题彻底解决，交出了一份中央放心、人民满意、载入发展史册的高质量答卷。

　　全面建成小康社会之后，巩固拓展脱贫攻坚成果、不发生规模性返贫是党中央最关心的一件大事。

　　脱贫摘帽以来，安徽省严格落实"四个不摘"（摘帽不摘责任、不摘政策、不摘帮扶、不摘监管），大力实施"五大提升"行动（实施脱贫地区乡村特色产业发展提升行动、脱贫人口稳定就业提升行动、农村生态保护提升行动、脱贫地区基础设施提升行动、脱贫地区公共服务提升行动），守住了不发生规模性返贫的底线，健全动态监测和帮扶机制，加强产业就业等帮扶，防范化解返贫致贫风险，脱贫攻坚成果持续巩固提升，全面增强了脱贫地区脱贫人口的发展动能。

　　昔日的贫困地区发生了翻天覆地的变化，综合实力显著提升，脱贫群众发展能力全面增强，收入水平大幅提高，获得感、幸福感溢于言表，精神风貌焕然一新。

　　千里江淮锦绣铺陈，百年奋斗小康梦圆。在加快建设经济强、格局新、环境优、活力足、百姓富的现代化美好安徽的新征途中，赓续创新基因的7000万江淮儿女踔厉奋发、笃行不怠，必将谱写更辉煌的篇章。

后 记

　　江淮儿女勠力攻坚，世纪伟业奋斗有我。为忠实记录我省全面建成小康社会的光辉历程、伟大成就、历史经验，集中展示江淮儿女的奋斗风采，根据中央宣传部统一部署，安徽省委宣传部牵头成立了工作专班，组织编写了"纪录小康工程"地方丛书（安徽卷）。省直相关部门负责撰稿，安徽人民出版社承担出版任务。

　　作为"纪录小康工程"地方丛书的重要组成部分，《全面建成小康社会安徽影像记》收录了300余幅精彩图片，集中展现了自新中国成立特别是党的十八大以来全省各领域取得的长足进步和日新月异的巨大变化，深刻反映了安徽全面建成小康社会的显著成就，真实呈现了广大安徽人民在全面小康建设道路上的生动实践，全面见证了传统农业大省向新兴工业大省的壮丽嬗变，字里行间、画里画外都洋溢着满满的获得感、幸福感、安全感。

　　本丛书编写出版得到安徽省委宣传部的精心指导，安徽省委常委、宣传部长郭强，安徽省委宣传部常务副部长王宏，安徽省委宣传部副部长、省新闻出版局（省版权局）局长查结联等同志主持召开专题会，统筹推进编写和出版工作。安徽省乡村振兴局、安徽省统计局、安徽省档案馆、安徽日报社等单位提供或核实了有关资料。

270

后　记

安徽日报社对《全面建成小康社会安徽影像记》编写给予了大力支持，具体组稿工作由安徽日报视觉新闻中心负责。在时间紧、任务重的情况下，李跃波、刘浩等同志加班加点，精选照片，精编说明，设计版式，做了大量工作。

伟大事业孕育伟大精神，伟大精神引领伟大事业。江淮儿女持续接力，激情写就安徽大地全面建成小康社会奋斗史诗。站在新的历史方位，我们将更加自信、更加坚定地以习近平新时代中国特色社会主义思想为指引，以史为鉴、开创未来，忠诚尽职、奋勇争先，乘胜而进开启全面建设社会主义现代化国家新征程，乘风破浪谱写现代化美好安徽建设新篇章！

受编者水平和时间之限，书中难免有疏漏和不足之处，敬请广大读者批评指正。

本书编写组

2022 年 6 月